공정 분배

공정분배

2016년 12월 13일 초판 1쇄 발행

지은이 고경호
펴낸이 김남길

펴낸곳 프레너미
등록번호 제387-251002015000054호
등록일자 2015년 6월 22일
주소 경기도 부천시 원미구 계남로 144, 532동 1301호
전화 070-8817-5359
팩스 02-6919-1444
ISBN 979-11-87383-03-1 03320

프레너미는 친구를 뜻하는 "프렌드(friend)"와 적(敵)을 의미하는 "에너미(enemy)"를 결합해 만든 말입니다. 급변하는 세상속에서 저자, 출판사 그리고 콘텐츠를 만들고 소비하는 모든 주체가 서로 협업하고 공유하고 경쟁해야 한다는 뜻을 가지고 있습니다.

프레너미는 독자를 위한 책, 독자가 원하는 책, 독자가 읽으면 유익한 책을 만듭니다.

프레너미는 독자 여러분의 책에 관한 제안, 의견, 원고를 소중히 생각합니다. 다양한 제안이나 원고를 책으로 엮기 원하시는 분은 frenemy01@naver.com으로 보내주세요. 원고가 책으로 엮이고 독자에게 알려져 빛날 수 있게 되기를 희망합니다.

| 우리는 국가에 무엇을 요구해야 하는가 |

공정분배

고 경 호

FRENEMY PUBLISHING

국가는 균형 있는 국민경제의 성장 및 안정과

적정한 소득의 분배를 유지하고,

시장의 지배와 경제력의 남용을 방지하며,

경제 주체 간의 조화를 통한 경제의 민주화를 위하여

경제에 관한 규제와 조정을 할 수 있다.

- 헌법 제119조 -

CONTENTS

공정 분배

공정 분배

우리는 국가에
무엇을 요구해야 하는가

현재 한국경제는 심각한 수출 부진과 내수 부진이라는 이중고에 시달리고 있으며, 그로 인해 본격적인 저성장 국면에 돌입한 것으로 보인다. 경기 사이클 상의 침체 국면을 지나고 있는 게 아니라, 탄성을 잃어 영구적으로 제 기능을 할 수 없는 스프링처럼 국가경제가 회복 탄력성을 잃어버린 것 같다.

우선 수출이 부진한 이유는 2008년 글로벌 금융위기 이후 국제 경기의 침체가 장기화되면서 한국 제품에 대한 수요가 감소했기 때문이다. 특히 우리나라의 가장 큰 수출 시장인 중국의 경기 둔화로 인해 대중국 수출이 크게 감소했다. 설상가상으로 중국은 산업이 고도화되면서 그동안 우리나라로부터 수입해 쓰던 첨단 제품과 중간재 등을 자국의 기술로 직접 생산하여 자급하고 있다. 뿐만 아니라 중국은 싼값을 앞세워 철강, 조선, 석유화학, 디스플레이, IT 등 우리나라의 주력 수출 시장을 빠르게 잠식해 들어 오고 있다. 이처럼 중국의 경기 둔화와 산업 고도화가 한국경제에 가장 큰 위협이 되고 있다. 그리고 해외 시장에서 우리나라와 가장 치열하게 수출 경쟁을 하고 있는 일본의 엔화 가치가 큰 폭으로 떨어진 뒤 장기간 지속된 엔저 현상도 우리나라의 수출을 어렵게 만들고 있다. 한국 제품의 수출 가격 경쟁력이 일본 제품에 비해 약화됐기 때문이다. 쉽게 말해 해외 시장에서 일본 제품이 한국 제품에 비해 상대적으로 싼값에 판매되고 있기 때문에 우리나라의 수출이 고전을 면치 못하고 있다는 뜻이다. 그 외에도 지금 우리나라의 수출이 부진한 데는 여러 가지 이유가 복합적으로 얽혀 있다.

그리고 내수가 부진한 이유는, 국민은 지갑이 가벼워져 소비를 하지 않고, 기업은 장사가 안 되니 투자를 하지 않기 때문이다. 내수 경기 부양을 위해 한국은행은 사상 최저 수준으로 기준금리를 인하했고, 정부는 막대한 자금을 시장에 풀었지만 경기는 회복되지 않고 있다. 이처럼 수출과 내수가 모두 부진하니 기업은 투자와 일자리를 줄이고, 이 와중에 대기업은 국내보다는 해외에서 투자와 일자리를 늘리고 있다. 국내에서 기업의 투자와 일자리가 감소하면 결과적으로 국민소득이 감소하기 때문에 내수 경기를 더욱더 악화시키는 악순환에 빠져들게 되는데, 지금 우리나라 경제가 딱 그 모양이다. 게다가 저출산과 고령화로 인해 내수 경기의 전망은 점점 더 어두워지고 있다. 젊은 인구

공정 분배

가 감소하고 노인 인구만 증가하면, 그만큼 생산 및 소비 활동이 위축돼 내수 경기에 악영향을 미치기 때문이다.

지금 한국경제는 위기가 아닐 수 없다. 국가경제를 선두에서 이끌고 있는 대통령과 정부가 위기 극복을 위해 최적의 경제정책을 수립한 후 강력한 리더십을 발휘해 추진해야 할 때다. 이미 골든 타임은 놓쳤다. 그렇기 때문에 심폐소생술 같은 단기적인 경기 부양책으로는 만성적인 침체에 빠진 한국경제를 구조할 수 없다. 국가는 이 땅에서 경기 침체가 지속되고 있는 근본적인 이유를 깨닫고, 위기 극복을 위한 중장기적인 마스터플랜을 수립하여 추진해야만 한국경제를 구조할 수 있을 것이다. 경제위기로 인해 가장 고통받는 계층은 중산층 이하 서민이다. 따라서 한국경제를 구조하는 것은 곧 민생을 구조하는 일이다.

그런데 2008년 글로벌 금융위기 이후부터 지금껏 대통령과 정부가 경제위기 극복을 위해 한 일은, 대외적으로는 FTA 자유무역협정를 확대하고, 대내적으로는 부동산 시장에 부채질한 것 외에는 없다고 해도 과언이 아니다. 대통령과 정부는 여러 국가와 FTA를 체결함으로써 경제 영토를 확대해 수출을 증대할 수 있다고 주장하지만, FTA는 양 국가 간에 서로 이해득실을 주고받는 제로섬 게임이다. 다시 말해 우리가 얻은 만큼 상대국에게 내줘야 협상이 타결될 수 있다. FTA를 지지하는 자들은 비교우위론 등을 내세우며 양 국가가 함께 승리할 수 있는 윈윈게임이라고 주장하지만, 그것이 어떻게 가능한가? 우리나라가 상대국과의 교역에서 흑자를 내면 상대국은 당연히 적자를 내게 된다. 반대의 경우에는 우리나라가 적자를 내게 된다. 상대국이 바보가 아닌 이상, 만년 적자를 낼 생각으로 FTA를 체결하겠는가? 그렇기 때문에 FTA는 대통령과 정부가 선전하는 것처럼 수출 경기를 부양하고 무역수지를 개선하는 데 그다지 큰 도움이 되지 않는다. 설령 그것이 수출 경기를 부양하는 데 큰 도움이 된다 하더라도, 지금처럼 대기업이 중소기업의 이익을 착취하는 경제 구조 하에서는 수출대기업만 배를 불리게 될 가능성이 크다. 국내 고용의 90%를 책임지고 있는 중소기업은 대기업이 먹다 흘린 떡고물이나 구경할 수 있을 것이다. 즉, FTA가 수출대기업에는 호재일지 몰라도 서민 경제에는 별로 도움이 되지 않을 것이라는 말이다.

그리고 부동산 경기를 부양하기 위해 세금을 깎아주고, 금리를 인하하고, 대출 규제를 완화하는 건 언 발에 오줌을 누는 것이나 마찬가지다. 잠시 위기를 모면할 수 있을지는 몰라도 부동산 가격이 상승하고 가계부채가 증가하면 국민의 지갑이 지금보다 더 가벼워져 소비를 악화시킨다. 결과적으로 내수 경기에 악영향을 미칠 뿐이다. 건설과 토목공사를 벌여서 부동산 경기에 불을 지피고, 그 불씨를 내수 경기 전반으로 확산시키는 게 과거 황무지시대였던 개발연대시대에는 가능했을지 몰라도 지금은 더는 통하지 않는다. 왜냐하면 그동안 한국경제가 비대해졌을 뿐만 아니라, 구조가 많이 복잡해졌기 때문이다. 따라서 이제 더 이상 건설업종 한 곳에 기름을 붓는다고 해서 국가경제 전체로 불이 번지지 않는다. 그로 인해 건설대기업과 은행 그리고 부동산 투자자만 배를 불릴 뿐이며, 주택 가격 상승과 가계부채 증가로 인해 국민의 등골은 휜다. 하지만 답답하게도 대통령과 정부는 아직 그것을 깨닫지 못하고 있는 것 같다. 그러니 임기 내내 실효성은 적은 반면에, 부작용이 큰 부동산 경기 부양책을 남발하는 것이다.

현재 시점에서 경제위기 극복을 위해 대통령과 정부가 해야 할 가장 시급하고 중요한 일은 이 땅에서 경기 침체가 왜 이렇게 오랫동안 지속되고 있는지 그 이유를 깨닫는 것이다. 그래야만 위기 극복을 위한 최적의 경제정책을 수립하여 추진할 수 있지 않겠는가? 그런데 그것을 임기가 끝나가는 현직 대통령과 현 정부에 기대하기는 어려울 것 같다. 천상 다음 대통령과 정부가 그 일을 해줘야 할 테니, 향후 한국경제의 목숨은 유권자인 당신과 나의 손에 달린 셈이다.

19대 대통령 선거가 실시되는 2017년은 글로벌 금융위기가 발발

한2008년지 10년째 되는 해다. 위기 상황에 대한 명석하지 못한 대응 때문에 지난 10년 동안 한국경제는 가파른 내리막길 성장 둔화을 걸어 왔으며, 그로 인해 서민 경제는 점점 무너져 내리고 있다. 앞으로 5년, 아니면 또다시 10년 이상의 세월 동안 한국경제의 운명은 새로운 통치자를 선출할 권리를 가진 당신과 나의 손에 달려 있다. 우리의 선택에 따라 지난 10년간 걸어온 내리막길을 앞으로도 계속 갈 것인지, 아니면 반환점을 돌아 이제 오르막길로 향할 것인지 한국경제의 운명이 달려 있다. 그렇다면 돌아오는 대선에서 우리는 어떤 인물을 새로운 대통령으로 선출해야 할까? 과연 어떤 인물이 다음 대통령이 돼야 한국경제를 위기에서 구조할 수 있을 것인가? 특정 정당이나 특정 인물에 대하여 논하자는 게 아니다. 어떤 경제철학과 정책 마인드를 가진 자가 새로운 대통령이 돼야 한국경제가 위기를 극복하고, 우리 모두가 지금보다 더 나은 세상에서 살아갈 수 있을지 함께 고민해 보자는 말이다. 나는 이에 대한 해답을 얻으려고 한국경제의 침체가 도대체 왜 이렇게 오랫동안 지속되고 있는지, 그 이유를 깨닫기 위해 연구하고 고민했다. 그 결과 다음과 같은 결론을 얻었다.

"한국경제의 침체가 오랫동안 지속되고 있는 가장 큰 이유는 '불공정한 소득 분배' 구조 때문이다. 따라서 그것을 깨닫고 '공정한 소득 분배' 정책을 강력히 추진할 수 있는 자가 대통령이 돼야 한다."

나는 2017년 19대 대통령 선거에서 우리 국민가 위와 같은 경제철학과 정책 마인드를 가진 자를 새로운 대통령으로 선출해야 한국경제가 지금의 위기를 극복할 수 있다고 믿는다. 그리고 누가 대통령이 되든 우리는 그와 국가에게 공정한 소득 분배 정책을 강력히 추진하도록 요구해야 한다고 생각한다. 그럼으로써 구조적인 결함을 가진, 한국경제의 낡은 분배시스템을 새 것으로 갈아야 한다. 소수의 고소득자와 부자만이 아닌, 우리 모두가 다 같이 잘 살기 위해서 말이다. 이 책을 읽고 나와 같이 생각하는 사람이 많아지기를 간절히 바란다.

justice
distribution

제1장

———

공정한
소득 분배를
실현하라

justice
distribution

01
한국경제의 장기 불황,
도대체 무엇이 문제인가

2008년 글로벌 금융위기 때부터 멀게 보면 1997년 IMF 외환위기 때부터 시작해 지금까지 한국경제는 만성적인 침체의 늪에 빠져 있다. 이제 우리나라 경제는 저성장 국면에 진입해 성장률이 점점 둔화되고 있으며, 그와 더불어 국민 대다수의 삶은 점점 힘들어지고 있다.

내가 판단할 때, 한국경제의 침체가 이렇게 오랫동안 지속되고 있는 가장 큰 이유는 국민소득이 불공정하게 분배되고 있기 때문이다. 불공정한 소득 분배로 인해 고소득자와 국민 대다수의 소득 격차가 크기 때문에 한국경제가 침체에서 벗어나지 못하고 있는 것이다. 한국경제의 불공정한 소득 분배 구조는 그동안 성장 지상주의에 매몰돼 앞만 보고 달려 온 결과로 생긴 구조적인 결함이다. 그리고 그 결함이 한국경제의 회복을 더디게 하고 있는 것이다.

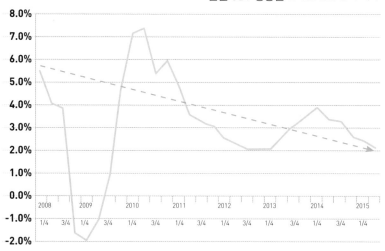

출처: 통계청

OECD 경제협력개발기구 도 이와 같은 문제에 대하여 지적한 바 있다. 2014년 OECD가 34개 회원국을 대상으로 조사해 발표한 보고서 소득 불평등이 경제 성장에 미치는 영향 에 따르면, 1980년대에는 소득 상위 10% 가 소득 하위 10%보다 7배 더 많은 소득을 가져갔으나, 현재는 9.5배 더 많이 가져가고 있다. 그리고 동 보고서는 소득불평등이 경제에 거 대하고 부정적인 영향을 주고 있으며, 소득불평등의 확대는 경제 성장에 영향을 미친, 가장 큰 단일 변수라고 강조하고 있다.

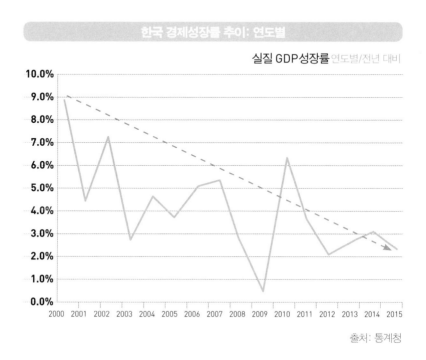

한국 경제성장률 추이: 연도별

실질 GDP성장률 연도별/전년 대비

출처: 통계청

국민소득이 어떻게 분배돼야 공정한가를 따지기에 앞서, 왜 소득이 불공정하게 분배되면 경제가 성장하기 어렵고 국민 대다수의 삶이 힘들어지는지를 생각해보자. 먼저 우리나라 국민이 총 10명뿐이고, 연간 국민소득 국민 10명의 소득 합계은 총 1,000원이라고 가정해보자. 그리고 우리나라 경제는 내수 시장만 존재하고 외국과의 교역이 없다고 가정, 국민 1명이 1년 동안 먹고 사는 데 100원을 소비한다고 가정해 보자.

- 국민은 10명이고, 연간 국민소득은 1,000원이다.
- 국민 1명이 1년 동안 먹고 사는 데 100원을 소비한다.

만약 국민소득 1,000원이 국민 10명에게 100원씩 균등하게 분배 국민 1명의 소득 = 100원 된다면, 국민 각자가 100원을 소비하니까 1년 동안 국가 전체적으로 총 1,000원의 소비가 발생한다. 이 경우, 국가의 경제 규모 GDP, 국내총생산 는 1,000원이다. 그리고 소비는 곧 다른 누군가의 소득이 된다. 따라서 국가 전체적으로 1,000원의 소비가 발생하면 또다시 국민소득 1,000원이 발생한다. 그다음 국민소득 1,000원이 또다시 국민 10명에게 100원씩 균등하게 분배된다면, 국가 전체적으로 1,000원의 소비가 발생하고, 그로 인해 1,000원의 국민소득이 발생하는 과정이 해마다 반복된다. 따라서 국가경제가 안정적인 균형 상태를 유지하기 때문에 국민 모두가 먹고 사는 데 어려움이 없다.

그런데 만약 어느 해부터 소득이 지나치게 불균등하게 분배되기 시작해 국민소득 중 절반을 1명이 먼저 가져가고, 나머지 절반을 9명이 나눠 가져야 한다면 어떻게 될까? 예를 들어 해마다 국민소득 1,000원이 국민 10명에게 100원씩 균등하게 분배되다가, 올해부터 국민소득 중 절반인 500원이 1명 고소득자 에게 우선 분배되고, 나머지 500원만 9명에게 55원씩 분배된다면 국가경제에 어떤 변화가 생길까?

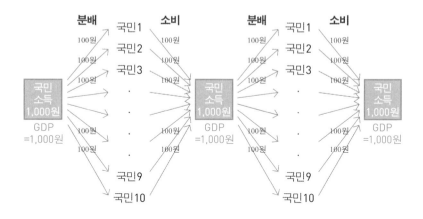

9명의 그룹은 1년 동안 먹고 사는 데 소득 500원55원×9명을 전부 소비할 것이다. 그동안 9명의 그룹은 1년 동안 먹고 사는 데 각자 100원을 소비하다가 이제는 각자 55원만 소비하니까, 그만큼 궁핍하게 살아야 한다. 반면에 고소득자 1명은 소득 500원 중 100원만 소비하고 남은 돈을 저축할 것이다. 정리하면, 9명의 그룹은 총 500원을 소비할 것이고, 고소득자 1명은 100원을 소비할 것이다. 따라서 국가 전체적으로 600원의 소비가 발생하므로 1,000원이던 경제 규모가 600원으로 축소될 것이다. 고소득자 1명이 100원을 초과해 소비하더라도 소득 500원을 전부 소비하지 않는 이상, 경제 규모는 축소될 수 밖에 없다. 그리고 국가 전체적으로 600원의 소비가 발생하면 국민소득도 600원만 발생한다. 따라서 내년에는 국민소득 600원 중 절반인 300원이 고소득자 1명에게

우선 분배되고, 나머지 300원만 9명에게 33원씩 분배될 것이다. 그러면 9명의 그룹은 300원33원×9명 을 전부 소비하겠지만, 고소득자 1명은 300원 중 100원만 소비하고 남은 돈을 저축할 것이다. 따라서 국가 전체적으로 400원의 소비가 발생하므로 경제 규모는 400원으로 축소될 것이며, 국민소득 역시 400원으로 감소할 것이다. 이처럼 해마다 경제 규모가 축소된다면경제가 마이너스 성장을 한다면, 9명의 그룹은 해가 갈수록 점점 더 궁핍해질 것이며, 고소득자 1명의 소득도 해마다 감소할 것이다.

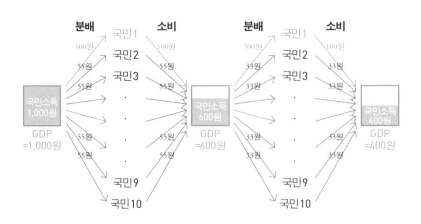

그런데 여기서 한 가지 더 생각해 볼 문제가 있다. 고소득자 1명을 제외한 9명이 줄어든 소득100원 → 55원으로 한 해 동안 먹고 살 수 있

공정 분배

을 것인가 하는 문제다. 앞서 국민 1명이 1년 동안 먹고 사는 데 100원을 소비한다고 가정했다. 100원을 소비한다는 건 적어도 100원의 소득이 필요하다는 뜻이다. 그동안 국민소득 1,000원이 균등하게 분배돼 국민 10명이 각자 100원씩 소득을 얻었기 때문에 모두가 먹고 사는 데 어려움이 없었다. 하지만 올해부터 국민소득 중 절반이 1명에게 우선 분배되고, 나머지 절반만 9명에게 분배되기 시작했다. 따라서 고소득자 1명을 제외한 다른 9명의 소득은 각자 55원뿐이다. 하지만 국민 1명이 1년 동안 먹고 사는 데 100원이 필요하다. 따라서 그 9명이 먹고 사는 데 각자 45원이 부족해졌는데, 이 부족한 소득을 어떻게 충당할 것인가?

정답은 부채다. 국민소득 1,000원 중 500원이 고소득자 1명에게 우선 분배되고, 나머지 500원만 9명에게 분배된다면, 고소득자 1명은 소득 500원 중 100원만 소비하고 남은 돈을 저축할 것이다. 반면에 9명의 그룹은 소득 500원_{55원×9명}을 전부 소비할 뿐만 아니라, 은행에서 400원_{45원×9명}을 대출받아 추가로 소비할 것이다. 왜냐하면 9명의 그룹이 1년 동안 먹고 사는 데 총 900원_{100원×9명}이 필요하기 때문이다. 정리하면, 고소득자 1명은 소득 500원 중 100원만 소비하고 남은 돈을 저축할 것이며, 9명의 그룹은 소득 500원에 400원의 부채를 더해 총 900원을 소비할 것이다. 따라서 이 경우에도 국민소득이 균등하게 분배되는 때와 마찬가지로, 국가 전체적으로 1,000원의 소비가 발생할 것이다. 따라서 국민소득 역시 1,000원이 발생할 것이다. 즉, 국민소득이 지나치게 불균등하게 분배되더라도, 9명의 그룹이 소비를 줄이는 대신 부채를 더해 소비를 유지한다면 경제 규모는 축소되지 않는다. 다만 이 경우, 해가 갈수록 9명의 가계부에는 부채가 점점 증가한다.

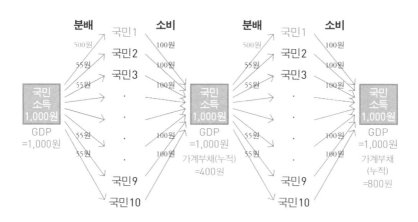

게다가 부채가 증가할수록 은행에 지불해야 하는 이자 비용도 해마다 증가하므로 9명의 그룹이 각자 100원의 소비를 유지하려면 해마다 전년에 비해 증가된 이자 비용만큼 더 많은 돈을 대출받아야 한다. 따라서 해가 갈수록 9명의 부채는 점점 더 빠른 속도로 증가할 것이다. 한편 9명의 그룹이 지불하는 이자 비용이 고소득자 1명에게는 금융소득이자수익이 된다. 따라서 9명의 그룹이 지불하는 이자 비용이 증가할

공정 분배

수록 고소득자 1명의 가계부에는 소득과 자산이 점점 증가할 것이다. 다만, 만약 고소득자 1명이 해마다 소비를 늘린다면 다른 9명에게 분배되는 소득도 해마다 증가할 것이다. 하지만 그렇더라도 9명의 부채는 줄지 않는다. 부채의 증가 속도가 완화될 뿐이다.

그런데 만약 부채로 소비를 유지하던 9명의 그룹이 더 이상 부채를 늘릴 수 없는 한계상황에 달하거나 이자 비용을 감당하지 못해 소비를 줄이기 시작한다면, 고소득자 1명이 소비를 대폭9명의 그룹이 소비를 줄인 것 이상으로 늘리지 않는 한, 국가의 경제 규모는 점점 축소될 것이다.

지금까지 이야기한 내용을 간단히 정리하면 다음과 같다.

1. 국민소득이 균등하게 분배되는 경우에는 국가경제가 균형 상태를 유지한다. 그리고 국민 10명 모두가 먹고 사는 데 어려움이 없다.

2. 국민소득이 지나치게 불균등하게 분배되는 경우에는 해마다 경제 규모가 축소된다. 그리고 9명의 그룹은 해가 갈수록 소득이 줄어 점점 더 궁핍하게 살아야 하며, 고소득자 1명의 소득도 점점 감소한다.

3. 국민소득이 지나치게 불균등하게 분배되더라도 9명의 그룹이 소비를 줄이는 대신 부채를 더해 소비를 유지한다면 경제 규모는 축소되지 않는다. 그리고 9명의 부채가 점점 증가한다. 반면에 고소득자 1명은 소득과 자산이 점점 증가한다.

4. 부채를 더해 소비를 유지하던 9명의 그룹이 증가된 부채와 이자 비

용을 감당하지 못해 소비를 줄이기 시작한다면 경제 규모는 점점 축소된다. 고소득자 1명이 해마다 소비를 대폭 늘리지 않는 한, 상황은 변하지 않는다.

내가 판단할 때, 현재 한국경제는 3번 국면을 지나 4번 국면으로 향하는 중이다. 그렇기 때문에 가계부채가 급증하고, 국민 대다수가 먹고 살기 힘들다며 아우성인 것이다. 하지만 고소득자는 해마다 소득과 자산이 증가하기 때문에 왜 국민 대다수가 아우성인지, 왜 국민 대다수가 경기가 안 좋다고 볼멘소리를 하는지 공감하지 못한다. 마치 딴 나라에서 살고 있는 것처럼 말이다.

❖ 국민소득이 균등하게 분배된다고 해서 그것이 곧 공정하다고 말할 수 있는 건 아니다. 마찬가지로 국민소득이 불균등하게 분배된다고 해서 그것이 꼭 불공정하다고 말할 수 있는 것도 아니다. 여기서는 불공정한 소득 분배가 경제에 미치는 영향에 대하여 독자의 이해를 돕기 위해 '균등' 또는 '불균등' 한 소득 분배의 상황을 가정했을 뿐이다. 각 개인이 또는 기업이 국가경제 부가가치 생산 에 기여한 만큼 정당하게 소득을 가져갈 때 소득이 공정하게 분배된다고 말할 수 있는데, 이 문제에 대하여는 뒤에서 다시 논의하도록 하자.

02
문제는 '불공정한
소득 분배' 때문이다

동국대학교 경제학과 김낙년 교수의 논문 한국의 개인소득 분포: 소득세 자료에 의한 접근 에 따르면, 우리나라에서는 소득 상위 20세 이상 10%가 전체 개인소득의 절반 48.05%, 2010년 을 가져가고 있다. 그러니까 나머지 90%의 인구는 고소득자가 먹고 남은 절반의 파이를 두고 치열하게 경쟁하며 나눠 먹고 있는 것이다. 게다가 해가 갈수록 소득 상위 10%가 가져가는 몫 비중 은 점점 커지고 있다.

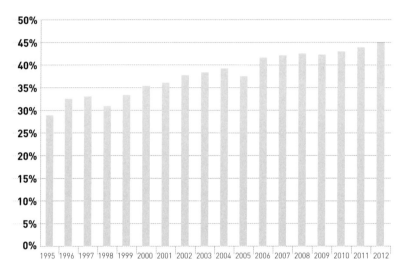

출처: The World Wealth and Income Database

그리고 최근 10년 동안 통계청이 발표한 가계 동향 조사 결과2인 이상 가구에 따르면, 우리나라 소득 상위 10% 가구의 평균소득은 소득 하위 10% 가구 평균소득의 10배에 달한다. 뿐만 아니라 역시 김낙년 교수의 논문한국의 부의 불평등, 2000~2013: 상속세 자료에 의한 접근에 따르면, 상위20세 이상 10%가 우리나라 전체 자산의 66%2010~2013년를 보유하고 있다. 이상의 내용에서 가장 중요한 사실은 바로 이것이다.

• 소득 상위 10%가 국민소득의 절반을 가져가고 있다.

❖ 여기서 국민소득은 국민총소득GNI을 뜻하는 게 아니라 전체
개인소득의 합계를 뜻한다.

내가 앞서 지적한 대로, 우리나라에서 경기 침체가 오랫동안 지속
되고 있는 가장 큰 이유는 국민소득이 불공정하게 분배되고 있기 때
문이다. 따라서 이 문제가 해결되지 않고서는 한국경제의 장밋빛 미
래를 기대하기 어렵다. 불공정한 소득 분배로 인해 국민소득이 소수
의 고소득자에게 집중되면, 그만큼 소비되지 않고 잠자는 돈유휴자산
이 많아질 수밖에 없기 때문에 만성적인 경기 침체의 늪에서 빠져 나
오기 어렵다. 이게 무슨 말인가 하면, 예를 들어 우리나라의 국민이 당
신과 나, 2명뿐이고, 한 해 동안 각자 100원을 번다고 가정해보자. 그
리고 국민 1명이 1년 동안 먹고 사는 데 100원을 소비한다고 가정해
보자. 그러면 한 해 동안 국가 전체적으로 200원의 소비가 발생할 것
이며, 그로 인해 국민소득 역시 200원이 발생할 것이다. 소비는 다른 누군
가의 소득이 된다는 사실을 기억하자 그런데 어느 해부터 국민소득 200원 중
140원을 내가 먼저 가져가고 나머지 60원만 당신이 가져간다면, 당신
은 60원을 전부 소비하겠지만 나는 140원 중 100원만 소비하고 40원
을 저축할 것이다. 그 40원이 바로 유휴자산, 즉, 소비되지 않고 잠자
는 돈이 된다. 그런데 경기가 회복되고 경제가 활기를 띠려면 경제의

혈액인 돈이 잠을 자지 말고 활발하게 돌고 돌면서 국가경제의 구석구석까지 산소를 공급해줘야 한다. 그리고 경제 전반에 걸쳐 돈이 활발하게 돌고 돌려면 소비와 생산이 활발해져야 한다. 또한 생산이 활발해지려면 그에 앞서 소비가 활발해져야 한다. 왜냐하면 우리가 로빈슨크루소처럼 무인도에서 자급자족하며 살지 않는 이상, 시장경제에서는 소비가 있어야 생산도 있을 수 있기 때문이다.

소비가 활발해지면 기업은 생산을 늘리기 위해 빚을 내서라도 투자와 일자리를 늘린다. 뿐만 아니라 기업은 이익이 증가하므로 근로자의 임금을 올려 준다. 기업이 일자리를 늘리면 자영업자의 수가 감소~~반대로 기업에 일자리가 부족하면 자영업자가 증가한다~~하여 자영업 경쟁이 완화되기 때문에 자영업자의 생존율이 높아진다. 그리고 근로자의 임금이 오르면 소비가 증가하기 때문에 편의점의 매출이 오르고, 치킨집의 매출도 오른다. 따라서 자영업자의 소득도 증가하고, 그들의 소비도 덩달아 증가한다. 이처럼 소비가 활발해지면 생산도 활발해지고, 그 결과 국민소득이 증가하여 다시 소비가 증가하는 선순환이 일어난다.

하지만 소비가 부진하면 기업은 장사가 안 되기 때문에 투자와 일자리를 줄인다. 그리고 근로자의 임금을 올려주지도 못한다. 일자리를 잃은 근로자는 궁여지책으로 편의점이나 치킨집을 연다. 그로 인해 자영업자의 경쟁이 심화돼 폐업률이 높아지고, 자영업자의 소득이 감소한다. 이처럼 일자리가 줄고, 자영업자의 폐업률이 높아지면 국가 전체적으로는 국민소득이 감소하므로 소비가 감소한다. 그 결과 생산 역시 감소하는 악순환이 일어난다.

불공정한 소득 분배로 인해 국민소득이 소수의 고소득자에게 집중되면, 그만큼 소비되지 않고 축적되는 유휴자산이 많아지기 때문에 국가 전체의 소비가 위축된다. 그리고 그것의 결과는 악순환이다. 물론 고소득자가 저축한 돈 유휴자산을 기업이 대출받아 투자를 늘린다면, 그 돈은 유휴자산으로 축적되지 않고 경제의 혈액으로서 순기능을 하게 된다. 하지만 지금 국내 기업은 투자를 하지 않고 오히려 가계보다 더 열심히 저축을 하고 있다.

앞선 사례에서 내가, 소득이 증가 40원한 만큼 소비를 늘려 140원을 전부 소비한다면 국가 전체의 소비는 위축되지 않을 것이다. 뿐만 아니라 내가 소비를 늘리지 않더라도 당신이, 소득이 감소 40원한 만큼 은행에서 돈을 대출받아 그 전처럼 100원의 소비를 유지한다면 역시 국가 전체의 소비는 위축되지 않을 것이다. 하지만 나는 먹고 사는 데 100원만 소비하면 충분하기 때문에 140원을 전부 소비하는, 어리석은 짓을 하지 않을 것이다. 그중 10원이라도 저축할 것이다. 따라서 소득이 불공정하게 분배되면 많든 적든 소비되지 않고 축적되는 유휴자산이 생길 수 밖에 없으며, 그로 인해 국가 전체의 소비는 위축될 수 밖에 없다. 그리고 당신이 대출을 받아 소비 수준을 유지하더라도 은행이 당신에게 돈을 무한정 대출해주지 않을 것이기 때문에 더 이상

돈을 대출받을 수 없는 한계에 달하면, 그때부터 당신은 소비를 줄일 수 밖에 없다. 따라서 당신이 소득에 부채를 더해 소비를 유지하더라도 언젠가 빚잔치가 끝나고 나면 결국 국가 전체의 소비가 위축될 수 밖에 없다. 다만 당신이 부채로 소비를 유지하는 동안 국가 전체의 소비가 위축되는 시기가 뒤로 늦춰질 뿐이다.

지금까지 이야기한 내용을 정리하면, 한국경제가 장기간 침체에서 벗어나지 못하고 있는 가장 큰 이유는, 불공정한 소득 분배로 인해 유휴자산이 증가하여 소비가 살아나지 못하고 있기 때문이다. 하지만 대통령과 정부, 국회 그리고 대다수의 경제 전문가 경제 관료, 경제학자 등 는 국제경기의 침체 장기화, 국제유가의 하락, 엔저 현상의 장기화, 중국 경제의 성장 둔화 등 나라 밖에서 그 이유를 찾고 있다. 우리나라는 수출로 먹고 사는 나라이기 때문에 수출 여건의 악화가 경기 침체 장기화의 가장 큰 이유라는 것이다. 물론 그것이 틀린 말은 아니다. 우리나라 경제의 대외의존도는 세계 최고라 할 만큼 매우 높은 수준이기 때문에 수출 여건의 변화에 따라 한국경제는 온탕과 냉탕을 오갈 수 밖에 없다. 따라서 우리나라의 주요 수출 시장, 이를테면 중국 특히, 미국, 유럽, 일본 등 다른 주요 국가들의 경기가 회복돼야 우리나라의 경기도 회복을 기대할 수 있다. 대통령과 정부가 그토록 자랑하며 스스로 치적으로 내세우는 FTA도 상대국의 경기가 좋아야 우리에게 떡고물이라도 떨어진다.

공정 분배

하지만 그렇다고 해서 한국경제가 장기간 침체를 벗어나지 못하고 있는 가장 큰 이유가 수출 여건의 악화 때문이라고 결론짓게 되면, 대통령과 정부가 위기 극복을 위해 할 수 있는 일이 별로 없다. 기껏해야 수출기업의 세금을 깎아 주거나 정부 자금을 저리로 융자해주는 일 정도뿐이다. 예를 들어 최근 우리나라의 대표적인 수출산업인 조선 및 플랜트 업종의 불황으로 인해 현대중공업, 대우조선해양, 삼성중공업의 경영이 악화 일로를 걷고 있다. 조선업 빅3로 불리는 굴지의 재벌기업들마저 목숨이 위태로운 것이다. 하지만 조선업 경기를 살리기 위해 국가가 나서서 할 수 있는 일이 과연 무엇인가? 기업을 대신해 선박 세일즈에 나서기라도 할 것인가? 아니면 수출이 어려우니 국내에서 1가구 1배 갖기 캠페인이라도 벌일 것인가? 국가가 조선업 경기를 살리기 위해 할 수 있는 일은 사실상 아무 것도 없다. 따라서 한국경제가 장기간 침체를 벗어나지 못하고 있는 가장 큰 이유가 수출 여건의 악화 때문이라고 결론짓게 되면, 결국 대통령과 정부가 국난 극복을 위해 할 수 있는 일이라고는 감나무 아래에서 입을 벌린 채 감이 저절로 떨어지기를 기다리는 것 밖에 없다. 다시 말해 국제경기가 스스로 개선될 때까지, 국제유가가 스스로 적정선으로 회복될 때까지, 환율이 스스로 수출에 유리하도록 조정될 때까지 기다리는 것 외에 달리 할 수 있는 일이 없다는 뜻이다. 하지만 문제 해결의 실마리를 나라 밖이 아닌, 나라 안에서 찾게 되면 대통령과 정부가 할 수 있는 일이 많아진다.

국가경제의 성장은 외수 해외 수요와 내수 국내 수요에 의존한다. 큰 틀에서 보면 경제 성장의 변수는 그 둘뿐이다. 외수는 나라 밖의 사정에 따라 살고 죽는다. 그리고 우리가 나라 밖의 사정을 개선하기 위해 할 수 있는 일은 사실상 아무것도 없다. 우리나라가 미국이나 중국처럼 세계경제에 영향력을 행사할 만한 위치에 있지 않기 때문이다. 반면에 내수는 나라 안의 사정에 따라 호황과 불황 사이를 오간다. 그리고 나라 안의 사정은 우리의 판단과 선택에 따라 개선할 여지가 충분히 있다. 그렇기 때문에 지금은 국가가 수출산업을 살리는 데 목숨을 걸 때가 아니라 내수산업을 살리는 데 목숨을 걸어야 할 때다. 물론 내수 역시 대외적인 여건에 영향을 받는다. 이를테면 국제유가가 한계점 이상으로 오를 경우, 국내 물가 역시 크게 오르기 때문에 내수 소비에 악영향을 미친다. 하지만 분명한 사실은, 대통령과 정부가 나서서 강력하게 영향력을 행사할 수 있는 영역은 외수가 아닌 내수 영역이다. 따라서 현재 시점에서 대통령과 정부는 경제위기를 극복하기 위해 내수 살리기에 정권의 사활을 걸어야 한다. 하지만 그동안 해온 방법으로는 안 된다. 이를테면 멀쩡한 강을 살리겠다며 수십 조 원 규모의 토목공사를 벌이거나, 금리를 인하하고 대출 규제를 완화하여 은행에서 돈을 빌리기 쉽게 하거나, 또는 대기업과 고소득자의 세금을 깎아 주는 등 결과적으로 국가경제를 더 엉망으로 만드는 땜질식 경기 부양

공정 분배

책으로는 안 된다는 말이다. 경기 부양의 효과가 장기간 지속될 수 있고, 근본적으로 경제의 체질을 바꿀 수 있는 정책을 수립하여 추진해야 한다. 그리고 그 정책의 최우선 순위에는 공정한 소득 분배가 있어야 한다.

내수 경기의 침체, 나아가 한국경제의 침체가 오랫동안 지속되고 있는 가장 큰 이유는 국민소득이 불공정하게 분배되고 있기 때문이다. 따라서 국가대통령, 정부, 국회 등 가 나서서 국민소득이 공정하게 분배될 수 있도록 시장의 분배 규칙을 조정함으로써 고소득자에게 소득이 집중돼 생기는 유휴자산을 최대한 소비로 끌어내야 한다. 그러면 한국경제는 다시 한 번 한강의 기적을 이뤄낼 수 있을 것이다.

03
'공정한 소득 분배'란
무엇인가

한국경제의 침체가 오랫동안 지속되고 있는 가장 큰 이유는 국민소득이 불공정하게 분배되고 있기 때문이다. 그렇다면 과연 국민소득이 어떻게 분배돼야 공정하다고 말할 수 있을까? 이제 이 문제에 대해 생각해보자.

내가 말하는 공정한 소득 분배란, 국민소득이 모든 국민에게 똑같이 균등하게 분배되는 것을 뜻하는 게 아니다. 각 개인이 국가경제에 기여한 만큼 정당하게 소득을 가져갈 때 국민소득이 공정하게 분배된다고 말할 수 있다. 따라서 국민소득이 불공정하게 분배된다는 건 누군가는 자신이 국가경제에 기여한 것보다 더 많은 소득을 가져가는 반면에, 다른 누군가는 자신이 기여한 것보다 더 적은 소득을 가져간다는 뜻이다. 그리고 자신의 본래 몫보다 더 많은 소득을 가져가는 사람은 자신의 의지와는 상관없이 다른 누군가의 소득을 빼앗은 셈이다.

불공정한 소득 분배는 소득불평등과 다른 개념이다. 평등은 차별이 없는 상태를 말한다. 따라서 불평등은 차별이 있는 상태를 의미한다. 그리고 모든 국민은 각자 자신이 국가경제 부가가치 생산 에 기여한 만큼 소득을 가져가야 공정하다. 그렇기 때문에 소득에 차별이 있다고 해서 그 자체를 불공정하다고 말할 수는 없다.

예를 들어 당신과 내가 각자의 집에서 곰 인형에 접착제로 눈깔 붙이는 일을 한다고 가정해보자. 하룻동안 나는 100개를 붙였고 당신은 50개를 붙였다면, 내가 당신보다 2배의 소득을 가져가야 공정하지 않은가? 그런데 만약 당신이 차별 없이 나와 똑같은 소득을 가져간다면, 또는 나보다 더 많은 소득을 가져간다면, 그것은 불공정하다. 또한 당신과 내가 똑같이 눈깔 100개를 붙였는데 내가 당신보다 더 많은 소득을 가져간다면, 그것 역시 불공정하다. 왜냐하면 당신과 내가 국가경제에 기여한 정도, 즉, 부가가치 생산량이 똑같기 때문이다. 따라서 이 경우에는 당신과 내가 똑같은 소득을 가져가야 공정하다고 말할 수 있다. 설령 눈깔 100개를 붙이는 데 나는 10시간이 걸렸고, 당신은 20시간이 걸렸더라도 소득은 똑같아야 공정하다. 만약 당신이 나보다 시간과 노력을 더 많이 들였다고 해서 나보다 더 많은 소득을 가져간다면, 그것은 불공정하다. 왜냐하면 결과적으로 나와 당신이 국가경제에 기여한 정도눈깔 100개가 똑같기 때문이다. 따라서 당신과 나의 소득도 똑같아야 공정하다.

그런데 소득 분배의 공정성을 따지는 게 사실 이렇게 단순하지 않다. 왜냐하면 업종에 따라, 또는 기업에 따라, 또는 직업에 따라 각 개인이또는 기업이 국가경제부가가치 생산에 기여한 정도를 측정하여 비교하기가 어렵기 때문이다. 또한 동일 업종, 동일 기업, 동일 직업 내에서도 각 구성원이 국가경제에 기여한 정도를 측정하여 비교하기는 어렵다. 예를 들어 나는 곰 인형에 눈깔 붙이는 일을 하고, 당신은 완성된 곰 인형을 소비자에게 배송하는 일을 한다고 가정해보자. 하루 동안 나는 곰 인형에 눈깔 100개를 붙였고, 당신은 완성된 곰 인형 50개를 배송했다면 내가 당신보다 2배의 소득을 가져가야 공정한가? 그렇다고 단정할 수 없다. 왜냐하면 인형에 눈깔 1개를 붙일 때의 경제기여도와 완성된 인형 1개를 배송할 때의 경제기여도가 다르기 때문이다. 만약 그 둘의 경제기여도가 동등하다면 내눈깔 100개가 당신배송 50개보다 2배의 소득을 가져가야 공정하다. 하지만 만약 인형에 눈깔 2개를 붙일 때의 경제기여도가 완성된 인형 1개를 배송할 때의 경제기여도와 동등하다면, 나와 당신은 차별 없이 똑같은 소득을 가져가야 공정하다. 그런데 문제는 그 둘에 대한 경제기여도를 누구나 인정할 수 있는 객관적인 방법으로 측정하여 비교하는 게 불가능하다는 사실이다. 따라서 당신과 나의 경제기여도를 비교하여 소득을 공정하게 분배하는 것 역시 불가능하다. 그리고 이를 확대 해석하면 업종별, 기업별, 직업별로 각 개인또는 기업의 국가경제에 대한 기여도를 비교하여 소득을 공정하게 분배하는 건 불가능하다. 뿐만 아니라 동일 업종 내, 동일 기업 내, 동일 직업 내에서 기여도를 비교하여 소득을 공정하게 분배하는 것 역시 불가능하다. 결국 공정한 소득 분배란 물리적인 개념이기보다는 이상세계에서 존재하는 추상적인 개념에 가깝다. 즉, 현실의 세계에서는 실현될 수 없는 일이다. 그럼에도 불구하고 내가 공정한 소득 분배에 대하여 이야기를 하는 이유는, 지금 이 땅에서 소득이 불공정하게 분배되고 있는 게 엄연한 사실이기 때문이다. 겨우 10%의 인구가 모든 국민이 함께 힘을 모아 생산한 국부國富의 절반이나 가져가는 게 과연 공정한가? 또한 소득 상위 10%의 가구가 소득 하위 10% 가구의 10배에 달하는 소득을 가져가는 게 과연 공정한가?

사람은 누구나 발가벗은 채 빈손으로 태어난다. 그리고 세상을 떠날 때도 빈손으로 떠난다. 인간의 생生과 사死에는 불평등이 없으며 불공정도 없다. 하지만 우리 중 소수는 태어난 순간부터 죽음에 이르는 순간까지 부유하게 살아가는 반면에, 우리 중 다수는 평생 동안 삼시 세 끼나 겨우 해결하며 살아간다. 그러니 인생은 복불복福不福인가? 물론 그렇지 않다. 가난하게 태어나 부자가 되는 사람이 있고, 반대로 부유하게 태어나 빈자가 되는 사람도 있다. 인생에 임하는 태도와 자신의 삶을 개선하고자 하는 노력 여부에 따라 우리의 운명은 얼마든지 바뀔 수 있다. 하지만 지금 우리 주변에는 개미지옥이 파놓은 구덩이에 빠진 것처럼 아무리 발버둥을 쳐도 빈곤의 절망에서 탈출하지 못하는 사람들이 너무 많다. 그러니 한국인의 자살률이 OECD 회원국 중 1위라는 모욕적인 불명예를 얻은 게 아니겠는가?

2014년에 국내에서 가장 많은 연봉을 받은 CEO는 삼성전자의 S 사장이었다. 그의 연봉이 145억 원이 넘는다고 해서 화제가 됐다. 한편 2014년에 법정 최저임금은 시급 5,210원이었다. 이를 주당 40시간 근무하는 걸로 따져서 연봉52주으로 환산하면 1천만 원이 조금 넘는다. 국세청 통계에 따르면, 2014년에 총급여가 1천만 원 이하인 근로자는 약 350만 명이었는데, 이는 전체 근로자의 21%에 달한다. 그러니까 S사장은 최저임금을 받은 근로자의 1,450배가 넘는 연봉을 받은 것이다. 삼성전자가 글로벌 회사이고 국가경제에 기여하는 바가 대단히 큰 만큼, 삼성전자를 이끌고 있는 S사장 역시 국가경제에 대한 기여도가 대단히 클 것이다. 게다가 그는 오너 경영자가 아니라 평범한 샐러리맨으로 시작해 삼성전자의 CEO 자리에 오른 성공 신화의 주인공이라고 하니 그동안 얼마나 많은 땀을 흘리며 치열하게 살아왔겠는가? 나는 S사장이 고액의 연봉을 받을 만한 충분한 자격이 있다고 생각한다. 하지만 아무리 그렇더라도 그가 최저임금을 받은 근로자보다 1,450배나 많은 소득을 가져간 게 과연 공정한가? 혹시 그는 다른 많은 사람이 가져가야 할 몫에서 자신의 몫을 더 많이 가져간 게 아닐까? 그렇지 않고서야 어떻게 인간의 노동에 대한 값어치가 1,450배나 차이가 날 수 있는가?

만약 지금 당신이 직장에서 매일 8시간 이상 땀 흘려 일함에도 불구하고 겨우겨우 살아갈 만큼 소득이 넉넉하지 않다고 느낀다면, 그것은 당신이 못나거나 무능해서가 아니다. 물론 일부는 당신의 탓도 있을 수 있다. 하지만 국가경제의 분배 구조가 잘못돼 국민소득이 불공정하게 분배되고 있는 탓이 가장 크다. 그리고 이는 국가가 나서서 해결해야 할 문제이지 당신 혼자만의 노력으로 극복할 수 있는 문제가 아니다. 반면에 만약 지금 당신이 상당한 고소득을 얻고 있다면, 그것은 당신이 잘나거나 유능해서만은 아닐 것이다. 물론 그것이 당신의 노력과 땀이 맺은 결실이라는 사실은 분명하다. 하지만 당신의 소득 중 상당 부분은 다른 사람에게 가야 할 몫이 주인을 잘못 찾아와 당신에게 온 것일지도 모른다.

04
대기업과 중소기업 간의
공정한 이익 분배가 우선이다

우리나라 중소기업의 주민등록번호는 998866-1233119이다. 이는 국가경제에 대한 중소기업의 중요성을 알리기 위해 중소기업중앙회가 2013년의 통계청 자료를 인용하여 조합한 숫자다. 우선 앞 번호 998866의 의미를 풀이하면 다음과 같다.

- 99: 우리나라 전체 기업 중 99%가 중소기업이다.
- 88: 우리나라 전체 근로자 중 88%가 중소기업 근로자다.
- 66: 우리나라 인구 중 66%가 중소기업 근로자 가족이다.

공정 분배

❖ 중소기업청이 2013년의 통계청 자료를 재편해서 발표한 자료에 따르면, 우리나라 전체 기업 수는 3,418,966개이며, 그중 대기업의 비중은 고작 0.1%3,053개에 불과하다. 반면에 중소기업중기업, 소기업, 소상공인 등의 비중은 99.9%3,415,863개에 달한다. 그리고 우리나라 전체 기업의 근로자 수는 15,344,860명이다. 그중 대기업 종사자 수는 12.5%1,923,266명이고 중소기업 종사자 수는 87.5%13,421,594명이다.

그다음 뒤 번호 1233119는 '국가는 중소기업을 보호·육성하여야 한다.'라고 규정한 헌법 제123조 제3항의 조문 번호와 '국가는 경제의 민주화를 위하여 경제에 관한 규제와 조정을 할 수 있다.'라고 규정한 헌법 제119조의 조문 번호를 조합한 것이다.

우리가 국민소득의 불공정한 분배 문제를 공정한 방향으로 풀어 가려면, 가장 먼저 대기업과 중소기업 간의 불공정한 이익 분배 문제부터 풀어야 한다. 왜냐하면 전체 기업이익 중 0.1%의 대기업이 가져가는 이익이 나머지 99.9%의 중소기업이 가져가는 이익에 비해 너무 많기 때문이다. 전체 산업에서 매출액이 가장 큰 제조업을 예로 보면, 2013년에 국내 제조업 대기업들은 전체 제조업의 순이익 중 78%를 가져갔다.《왜 분노해야 하는가》, 장하성 저 따라서 전체 제조업의 순이익 중

제조업 중소기업들이 가져간 몫은 22%에 불과했다. 이처럼 대기업의 몫에 비해 중소기업이 가져가는 몫이 터무니 없이 적다 보니, 대다수의 중소기업은 근로자가 먹고 사는 데 넉넉할 만큼 임금을 줄 수 있는 형편이 안 된다. 그렇기 때문에 12%의 대기업 근로자와 88%의 중소기업 근로자 간의 임금 격차가 클 수 밖에 없다. 이처럼 대기업과 중소기업 간의 불공정한 이익 분배는 국민소득이 소수의 상위 계층에 집중되고 있는 1차적인 이유다.

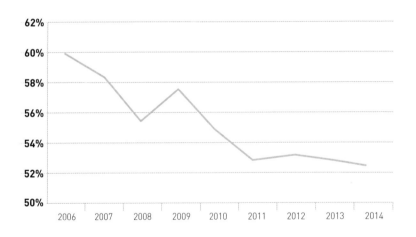

대기업 대비 중소기업의 임금 수준 임금 격차 **추이: 제조업, 대기업=100**

출처: 통계청

공정 분배

대기업을 옹호하는 자들은 대기업과 중소기업 간의 노동생산성 차이가 크기 때문에 근로자 간의 임금 차이도 클 수밖에 없다고 주장한다. 노동생산성이란 투입된 노동량 대비 산출된 부가가치 또는 생산량 의 비율을 말하는데, 근로자 1인이 일정 기간 동안 산출한 부가가치 또는 생산량를 나타낸다. 쉽게 말해 근로자의 노동능률을 말하는 것인데, 예를 들어 대기업 근로자 1명이 2,000원의 부가가치를 생산하는 동안 중소기업 근로자 1명은 1,000원의 부가가치밖에 생산하지 못하기 때문에 대기업 근로자가 중소기업 근로자 임금의 2배를 받는 게 당연하다는 논리다. 물론 대기업과 중소기업 간의 노동생산성 차이는 분명히 존재한다. 노동생산성은 근로자의 숙련도나 조업도 등 개인적인 역량뿐만 아니라 생산 기술, 생산 설비 등에 의해서도 크게 영향을 받는데, 중소기업이 대기업에 비해 여러 가지 면에서 열악하기 때문에 대기업이 중소기업보다 평균적인 노동생산성이 높을 수 밖에 없다. 하지만 그것이 대기업 근로자와 중소기업 근로자 간의 임금 격차가 큰 이유를 전부 설명해 주지는 못한다. 그것에 앞서 대기업과 중소기업 간의 불공정한 이익 분배라는 문제가 있다.

중소기업청이 발표한 통계에 따르면, 우리나라 전체 제조업 중소기업 중 절반46.2%, 2014년이 대기업의 하청업체1차 하청업체, 2차 하청업체, 3차 하청업체 등이며, 근로자 수가 50명 이상인 제조업 중소기업의 경우에는 10개 중 6개 이상이 하청업체다. 특히 자동차 제조업의 경우, 근

로자 수가 50명 이상인 중소기업 중 하청업체의 비중은 무려 80%₂₀₁₄
^년가 넘는다. 하청 중소기업의 운명은 원청 대기업의 손에 달려 있다
고 해도 과언이 아니다. 왜냐하면 원청 대기업이 거래를 끊거나 줄이
면 하청 중소기업은 문을 닫아야 할 만큼 대기업에 대한 매출 의존도
가 높기 때문이다. 그래서 하청 중소기업의 이익은 사실상 원청 대기
업이 결정한다. 납품 단가 후려치기, 부당한 반품, 발주의 부당한 취
소, 손실 떠밀기, 리베이트 요구, 대금 지급 지연, 판촉 비용 떠넘기기,
핵심 기술 탈취, 우수 인력 빼가기 등 대기업의 하청 중소기업에 대한
각종 횡포는 헤아리기도 쉽지 않다. 게다가 그것이 어제 오늘의 일이
아님에도 불구하고 좀처럼 뿌리가 뽑히지 않고 있다. 그리고 먹이사슬
의 피라미드처럼 1차 하청업체는 2차 하청업체의 납품 단가를 후려지
고, 2차 하청업체는 또다시 3차 하청업체의 납품 단가를 후려친다. 그
렇게 하지 않으면 하청업체는 적자를 면하기 어렵기 때문이다. 그러니
먹이사슬의 가장 밑바닥에 있는 후순위 하청업체의 근로자는 초근목
피로 연명한다고 해도 과언이 아닐 만큼 저임금을 받는다.

대기업은 하청 중소기업이 적정 수준의 이익을 가져가 우수한 인력
을 채용하고 연구 개발에 많은 투자를 하도록 지원해야, 자사_{自社}에
더 큰 이익이 된다는 사실을 깨닫지 못한 채 지금 당장 눈앞에 보이는
이익에 눈이 멀어서 자신의 배를 불리는 데만 관심이 있는 것이다. 뿐
만 아니라 대기업은 계열 하청업체를 설립한 뒤 일감을 몰아줘 다른

하청업체를 고사시키기까지 한다. 이처럼 대기업은 갑질을 하면서 원가 절감을 이유로 하청 중소기업의 이익을 착취하고 있으며, 결과적으로 중소기업 근로자의 임금을 착취하고 있다. 그렇게 착취하여 자신의 정당한 몫보다 더 많이 가져간 이익으로 대기업의 경영진과 주주는 성과급 잔치와 배당금 잔치를 벌인다. 그리고 대기업 근로자도 떡고물을 챙겨 먹는다. 대기업은 원가를 절감하려거든 중소기업의 이익과 중소기업 근로자의 임금을 착취할 게 아니라, 그들 자신의 이익과 임금을 줄여서 절감하는 게 공정하다. 대기업과 중소기업 간의 불공정한 거래 관행을 뿌리 뽑지 못하면 대기업과 중소기업 간의 불공정한 이익 분배 문제를 해결할 수 없기 때문에 대기업 근로자와 중소기업 근로자 간의 임금 격차를 좁힐 수 없다. 따라서 국민소득이 소수의 상위 계층에 집중되는 문제도 해결할 수 없으며, 결과적으로 지금의 경제위기를 극복하기 어렵다.

대기업과 중소기업 간의 불공정한 거래 관행이 사라지지 않는 가장 큰 이유는 처벌이 가볍기 때문이다. 대기업의 자정 노력을 기대할 수 없다면 국가는 규제와 처벌로써 불공정 거래 관행을 제지해야 하는데, 그 처벌이 너무 가볍다는 것이다. 2015년에 공정거래위원회가 집계한 자료5개 기업집단 법 위반 현황에 따르면, 2005년부터 2015년 9월까지 약 11년간 불공정행위가 가장 많이 적발된 기업은 L사였다. L사는 공정위 소관 법률 위반으로 총 147건의 고발, 과징금 등의 처분을 받았는

데, 그중 절반이 넘는 88건은 가벼운 경고에 그쳤다. 같은 기간 공정위가 불공정행위에 대하여 L사에 부과한 과징금은 679억 원인데, L사 그룹의 연간 매출액이 66조7,000억 원2014년이고 연간 순이익이 1조5,800억 원2014년인 것에 비하면 상당히 적은 과징금이다. 즉, 처벌이 가볍고 과징금을 부과받더라도 돈부당이득이 상당히 많이 남기 때문에 대기업이 법을 우습게 알고 불공정행위를 밥 먹듯이 하는 것이다. 따라서 대기업과 중소기업 간의 불공정한 이익 분배 문제를 해결하려면, 우선 대기업의 중차대한 불공정행위가 적발될 경우, 회사의 문을 닫게 만들 수도 있을 만큼 막대한 징벌적 과징금을 부과해야 한다. 그리고 경영자를 비롯해 관련 책임자를 재계에서 영구 퇴출시키거나 오랫동안 자격을 정지시키는 등 아주 가혹하고 강력한 처벌을 해야 한다. 그렇게 하지 않으면 지금까지 그랬던 것처럼 향후 100년이 지나도 대기업의 불공정행위는 사라지지 않을 것이다. 불공정행위에 대한 처벌이 강화될수록 대기업은 국내 투자를 줄이고 지금보다 해외 투자를 더 늘리는 등의 부작용이 생길 수 있다. 하지만 그런 우려 때문에 '공정함'을 포기한다면 시간이 갈수록 우리나라 경제는 그보다 훨씬 더 심각한 부작용을 경험하게 될 것이며, 그로 인해 혹독한 대가를 치르게 될 것이다.

05
대기업의 무차별적인 사업 영역 확대, 당신의 일자리도 위협한다

대기업의 하청을 받지 않고 독자적으로 완성 제품이나 서비스를 시장에 공급하는 중소기업이라고 해서 대기업의 손아귀로부터 자유로운 건 아니다. 대기업이 자본력을 앞세워 무차별적으로 사업 영역을 확대함으로써 거의 전 업종에서 중소기업의 시장 점유율과 수익성이 악화되고 있기 때문이다. 그로 인해 독자 생존하던 중소기업이 시장에서 퇴출되거나 대기업의 하청업체 신세가 되는 경우가 많다. 그보다 더 심각한 문제는 대기업이 소규모 소매업에까지 진출하면서 영세 자영업자를 말살시키고 있다는 사실이다. 그 때문에 동네 슈퍼마켓이 사라졌고, 동네 빵집도 사라졌으며, 학교 앞 문방구 역시 사라졌다. 그리고 가게 문을 닫은 영세 자영업자들은 대기업 프랜차이즈의 가맹

점주 내지 대리점주라는 허울 좋은 명찰을 달고 대기업 본사의 각종 갑질에 시달리고 있다. 물론 대기업의 입장에서는 성장의 한계를 극복하기 위한, 어쩔 수 없는 선택일 수 있다. 하지만 치열한 연구 개발을 통해 새로운 제품과 서비스를 개발함으로써 새로운 시장을 창출하거나, 해외 시장에서 글로벌 기업들과의 경쟁에서 승리하려는 노력을 하기보다는, 중소기업과 영세 자영업자가 겨우겨우 먹고 살고 있는 시장을 빼앗아 배를 더 불리겠다고 덤벼 드는 꼴이 참 한심하다.

물론 소비자의 입장에서는 대기업의 사업 영역 확대로 인해 제품과 서비스를 상대적으로 저렴한 가격에 구입할 수 있다는 장점이 있다. 왜냐하면 대기업은 대량 생산, 대량 유통, 하청업체의 납품 단가 후려치기 등을 통해 원가를 절감함으로써 박리다매 방식의 영업을 할 수 있기 때문이다. 하지만 한번 곰곰이 생각해 보자. 대기업의 무차별적인 사업 영역 확대로 인해 많은 중소기업이 시장에서 퇴출되고, 영세 자영업자가 망하면 많은 일자리가 사라진다. 하지만 대기업은 그렇게 일자리가 사라진 만큼 일자리를 늘리지 않는다. 그렇기 때문에 중소기업과 영세 자영업자가 망하면 실업자 증가로 인해 국민소득이 감소한다. 따라서 국가 전체의 소비가 위축되고, 결과적으로 내수 경기를 악화시켜 다른 기업들의 생존마저 위협한다. 쉽게 말해 대기업의 무차별적인 사업 영역 확대는 당신과 나의 일자리까지 위협한다는 뜻이다. 따라서 우리가 제품과 서비스를 저렴한 가격에 구입하는 게 무조건 좋은 것은 아니다. 제품과 서비스의 품질에 현저한 차이가 없다면 값을 다소 더 주는 한이 있더라도 중소기업과 자영업자를 살리는 것이 결과적으로 당신과 나를 살리는 길인 것이다.

국가는 대기업의 무차별적인 사업 영역 확대를 제한하여 중소기업과 자영업자를 적극적으로 보호해야 한다. 그리고 대기업은 치사하게 동네 빵집이나 학교 앞 분식점의 밥그릇을 빼앗아갈 생각을 하지 말고 대기업에 걸맞는 큰 일을 해야 한다. 하지만 대기업이 자율적으로 이권을 포기할 리가 없기 때문에 국가가 나서서 시장의 질서를 공정하게 조정할 필요가 있다. 이러한 필요성 때문에 정부는 대기업과 중소기업의 상생을 도모한다는 명분으로 2010년에 동반성장위원회를 출범시켰다.

동반성장위원회는 대기업과 중소기업 간의 갈등 문제를 논의함으로써 민간 부문의 합의를 끌어내기 위해 설립된 민간위원회다. 동반성장위원회는 2011년부터 매년 중소기업 적합 업종을 지정해 발표하고 있다. 중소기업 적합 업종 제도는 대기업보다는 중소기업이 사업을 하는 게 적합한 업종 및 품목을 지정하여 중소기업과 대기업의 역할 분담을 유도하고, 중소기업의 사업 영역을 보호하기 위한 제도다. 현재 2016년 김치, 두부, 플라스틱병 등 제조업 55개 품목과 서적 및 잡지류 소매업, 문구소매업, 제과점업 등 서비스업 18개 품목이 중소기업 적합 업종으로 지정된 상태다. 중소기업 적합 업종으로 지정되면 동반

성장위원회는 향후 3년간 대기업의 시장 진입 자제, 확장 자제, 사업 축소, 사업 이양 등을 권고하고, 매년 대기업의 권고 이행 실태 등을 점검한다. 하지만 동반성장위원회의 권고 사항은 법적인 구속력이 없기 때문에 대기업이 권고 사항을 따르지 않더라도 아무런 제재를 받지 않는다. 사실상 대기업의 자율적인 결정 사항인 것이다. 대기업은 정부의 눈치를 보며 따르는 시늉 정도만 하고 있기 때문에 중소기업과 자영업자를 보호하는 데 한계가 있다. 따라서 국가는 중소기업 적합 업종을 지금보다 더 확대함은 물론, 대기업의 권고 사항 이행을 강제할 수 있는 법률을 제정해야 한다.

그런데 대기업은 중소기업 적합 업종 제도가 중소기업의 경쟁력을 약화시켜 제품과 서비스의 질을 떨어뜨리는 것은 물론, 대기업에 대한 역차별이라고 주장한다. 또한 그로 인해 중소기업이 아닌 외국계 기업이 시장을 잠식하거나 특정 중소기업이 시장을 독과점하는 등의 사례를 들며 중소기업 적합 업종 제도를 폐지할 것을 요구하고 있다. 하지만 제도에 일부 문제가 있다면 문제를 시정하거나 개선하면 될 일이다. 제도를 폐지하면 대기업과 중소기업 간의 이익 격차는 점점 더 커질 수밖에 없고 일자리가 줄어들기 때문에 국민 대다수의 삶은 점점 더 어려워질 것이다. 따라서 중소기업 적합 업종 제도를 절대로 폐지해서는 안 된다. 오히려 국가는 중소기업 적합 업종을 지금보다 더 확대하고 대기업의 제도 이행을 강제할 수 있는 법률을 반드시 제정해야 한다. 그럼으로써 대기업이 작은 연못을 기웃거리지 말고 넓은 바다에서 파도와 싸우며 크게 성장하는 데 집중하도록 유도해야 한다.

나는 대기업이 정부의 중소기업 보호 정책에 대하여 역차별 운운하는 것을 보면 실소가 나온다. 과거 개발연대시대에 우리나라가 수출대기업 중심의 경제 성장 정책을 추진했기 때문에 대기업 특히 재벌기업 은 정부의 비호와 각종 특혜를 집중적으로 받으며 성장했다. 수출대기업이 정부로부터 받은 특혜 중에는 막대한 자금 지원이 있었다. 그리고 그 자금은 국민이 밥을 굶어 가며 저축한 돈, 일본으로부터 받은 전쟁 배상금, 독일에 파견된 간호사와 광부가 눈물을 흘리며 벌어온 돈, 베트남 전쟁에 파병된 군인이 목숨을 담보로 벌어온 돈, 뜨거운 중동의 땡볕 아래서 건설 노동자가 피부를 새카맣게 태우며 벌어온 돈 등 국민의 피와 희생이 담겨 있는 돈이었다. 그 외에도 정부는 수출산업을 지원하기 위해 지난 반 세기 동안 고환율 정책을 고수해 왔으며, 그 덕분에 가장 큰 혜택을 본 자 역시 수출대기업이다. 반면에 국민은 고환율로 인해 비싼 물가를 감내하며 살아야 했다. 대기업은 정부의 중소기업 보호 정책에 대하여 역차별을 말할 자격이 없다. 오히려 중소기업 살리기에 적극 나섬으로써 국가와 국민으로부터 받은 은혜를 갚아야 할 입장이다.

06
대기업의 부당이득
환수는 정당하다

    한국경제의 침체가 오랫동안 지속되고 있는 가장 큰 이유는 국민소득이 불공정하게 분배되고 있기 때문이다. 그리고 국민소득이 불공정하게 분배되는 1차적인 이유는 대기업과 중소기업 간의 불공정한 이익 분배 때문이다. 그로 인해 소수의 대기업과 절대다수의 중소기업 간의 이익 격차가 크고, 소수의 대기업 근로자와 절대다수의 중소기업 근로자 간의 임금 격차도 크다. 그 결과 국민소득이 소수의 상위 계층에 집중되고 있는 것이다. 그 외에도 국민소득에서 기업소득이 차지하는 비중이 나날이 증가하고 있는 점도 한국경제의 침체를 장기화하는 중요한 이유다.

    국민 총소득GNI은 가계소득, 기업소득, 정부소득으로 구성되는데 해마다 정부소득의 비중은 큰 변동이 없다. 따라서 국민소득에서 기업소득이 차지하는 비중이 증가하고 있다는 건, 그만큼 가계소득의 비중이 감소하고 있다는 뜻이다. 그리고 가계소득의 대부분은 기업이 근로자에게 지급하는 임금이다. 근로자의 가계소득 중 일부가 소비를 통해 자영업자에게 이전되므로 자영업자의 가계소득 역시 기업이 근로자에게 지급하는 임금으로부터 나온다. 따라서 기업소득의 비중이 증가하고 가계소득의 비중이 감소하고 있다는 건 기업소득 중 가계로 이전되는 소득 임금의 비중이 그만큼 감소하고 있다는 뜻이다. 그리고 이는 국가 전체의 소비를 위축시키거나 소비의 증가를 가로막는 장애물이 된다.

가계소비가 활발해져야 한국경제가 침체에서 벗어날 수 있다. 그리고 가계소비가 활발해지려면 그에 앞서 가계소득이 증가해야 한다. 가계소득이 증가하면 소비가 증가하고 기업의 매출 및 이익이 증가하여 기업의 투자 및 고용 증가로 이어진다. 그리고 근로자의 임금도 오른다. 그 결과 가계의 소득과 소비가 더 증가하는 선순환이 일어나 국가경제가 활발히 돌아간다. 그런데 기업소득의 비중이 증가하고 가계소득의 비중은 감소하고 있으니 지금 우리나라 경제는 반대 방향으로 가고 있는 중이다. 만약 기업소득이 근로자의 임금을 올려주거나 투자와 일자리를 늘리는 데 적극적으로 사용된다면, 기업소득의 비중이 증가한다는 사실 자체는 큰 문제가 아니다. 하지만 기업소득의 상당 부분이 소비되지 않고 투자도 되지 않는 유휴자산으로 축적되고 있기 때문에 문제인 것이다.

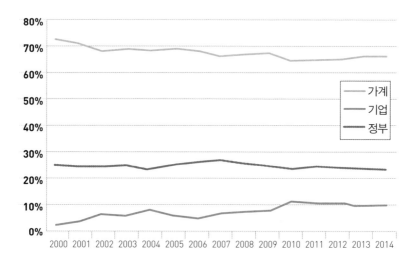

우리나라 국민처분가능소득 대비 가계·정부·기업의 소득 비중 추이

출처: 통계청

기업소득이란 쉽게 말해 기업이 한 해 동안 장사해서 남긴 이익을 말한다. 그리고 이익이란 매출에서 근로자의 임금을 포함해 각종 비용을 제하고 남은 돈이다. 기업이 이익을 처분하는 방법은 주주배당, 임금 지급, 투자, 사내 유보_{저축} 의 4가지로 크게 나눌 수 있다. 기업이 이익 중 배당·임금·투자에 사용하는 비중을 늘리고, 사내에 유보하는

공정 분배

비중을 줄여야 가계소득이 증가하여 소비가 증가한다. 그중에서도 특히 근로자의 임금을 올려주고 일자리를 늘리는 데 기업의 이익을 사용하는 게 가계의 소득 및 소비 증가에 가장 효과적이다. 그런데 가계소득이 소수의 상위 계층에 집중되고 있는 것처럼 기업소득 역시 소수의 대기업에 집중되고 있으며, 그중 상당 부분이 배당·임금·투자에 사용되지 않고 사내 유보금으로 쌓여가고 있다. 반면에 중소기업은 경기가 좋을 때나 나쁠 때나 늘 자금난에 시달리는 경우가 많다. 즉, 대기업은 필요 이상으로 돈이 남아도는 반면에, 중소기업은 늘 돈이 부족하다는 말이다.

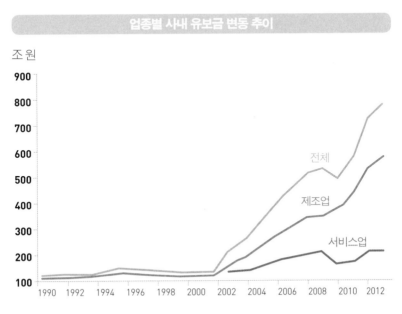

출처: NABO 경제 동향 & 이슈 2014. 08. 29, 국회 예산정책처

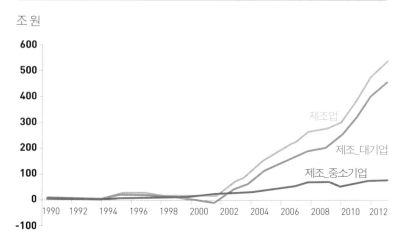

조 원

제조업

제조_대기업

제조_중소기업

출처: NABO 경제 동향 & 이슈 2014. 08. 29. 국회 예산정책처

그렇기 때문에 국민소득에서 기업소득의 비중이 증가하고 가계소득의 비중은 감소하는 현상 역시 대기업과 중소기업 간의 불공정한 이익 분배 때문에 생기는 문제로 밖에 볼 수 없다. 만약 대기업과 중소기업 간에 이익이 공정하게 분배된다면, 대기업의 사내 유보금은 감소하고 그만큼 중소기업에 이전되는 이익이 증가할 것이다. 그러면 전체 고용의 90%를 책임지고 있는 중소기업이 투자와 일자리를 늘리고 근로자의 임금을 올려줄 여유가 생기기 때문에, 결과적으로 기업소득이 가계소득으로 이전되는 효과가 클 것이다. 따라서 대기업과 중소기업 간에 이익이 공정하게 분배된다면 대기업은 점점 부자가 되고 가계는

점점 빈곤해지는 지금의 기형적인 소득 분배 구조가 개선될 것이며, 그 결과 가계의 소득과 소비가 증가하여 기업소득 역시 증가하는 선순환이 생길 것이다. 즉, 기업과 가계가 함께 잘 살 수 있다는 말이다.

이를 위해 앞서 지적한 대로 대기업과 중소기업 간의 불공정거래 관행을 뿌리 뽑고, 중소기업 적합 업종을 확대 및 법제화하는 것에 더해, 대기업의 법인세를 인상해야 한다. 대기업의 법인세를 인상하여 대기업과 중소기업 간의 불공정한 이익 분배로 인해 대기업이 자신의 몫보다 더 많이 가져간 부당이득을 국가가 환수하고, 그것을 중소기업에게 재분배해야 한다. 중소기업보다 대기업에 차별적으로 더 많은 법인세를 부과해야 한다는 게 아니다. 법인소득에 대한 세율 구간을 지금보다 세분화하고, 현재 최고 22%인 누진세율을 인상해야 한다는 뜻이다. 그러면 대기업뿐만 아니라 이익 규모가 큰 중견·중소기업 역시 지금보다 세금을 더 내야하고, 현재는 영세한 중소기업도 성장할수록 세금을 더 내야 한다. 그렇기 때문에 대기업을 차별하는 게 아니다. 그리고 국가는 그렇게 해서 증가된 법인세 중 일부를 재원으로 전도유망하고 성실한 중소기업을 선별한 후 자금을 지원출자 및 융자하여, 중소기업이 연구 개발을 통해 기술력과 생산성을 제고하고 투자와 일자리를 늘릴 수 있도록 유도해야 한다. 그러면 대기업과 중소기업 간의 불공정한 이익 분배 문제를 개선할 수 있을 뿐만 아니라 기업소득과 가계소득 간의 불균형 문제를 해소하는 데도 도움이 될 것이다. 그리고 이는 결과적으로 가계의 소득 및 소비 증가로 이어져 경제에 활기를 불어 넣을 수 있을 것이다.

최근 정부가 시행한 기업소득환류세제는, 엄밀히 말하면 사내 유보금이 많은 대기업의 근로자와 주주를 위한 정책이다. 그보다는 중소기업의 이익과 중소기업 근로자의 소득을 늘려주는 정책을 펴야 한다. 그래야만 한국경제가 이 지긋지긋한 침체 국면에서 탈출할 수 있다는 사실을 대통령과 정부는 하루라도 빨리 깨달아야 한다.

07
그들이 말하는
낙수 효과는 환상이다

      대기업을 맹목적으로 옹호하는 자들은 경기가 좋을 때나 나쁠 때나 흔히 낙수 효과를 들먹이며 국가가 수출대기업 중심의 경제성장 정책을 펴야 한다고 주장한다. 국내에서 성장이 먼저냐, 복지가 먼저냐에 대한 논쟁이 있을 때도 성장 우선론자들이 내세우는 논리가 바로 이 낙수 효과라는 것이다.

      낙수 효과란 대기업과 부유층의 소득이 증가하면 투자와 소비가 촉진되기 때문에 경기가 호전되고, 그 결과 중소기업과 전체 국민의 소득도 덩달아 증가하는 것을 의미한다. 쉽게 말해 양동이에 물이 가득 차 넘치면 양동이 바깥으로 물이 흘러내리는 것처럼, 대기업과 부유층의 주머니에 돈이 가득 차 넘치면 중소기업과 전체 국민에게도 돈이

홀러간다는 것이다. 그러니까 먼저 대기업과 부유층의 주머니부터 가득 채워줘야 한다는 논리다. 우리나라가 과거 개발연대시대에 수출대기업 중심의 경제 성장 정책을 편 가장 큰 이유도 바로 이 낙수 효과를 노린 것이다. 대기업이 수출을 통해 해외로부터 돈을 많이 벌어들이면 투자와 고용을 늘릴 것이므로 중소기업과 전체 국민의 소득 역시 증가할 것이라고 본 것이다. 우리나라의 경우, 과거에는 낙수 효과가 어느 정도 존재했다는 사실을 부정하기 어렵다. 왜냐하면 수출대기업 중심의 경제 성장 정책을 편 개발연대시대를 거치면서 한국경제가 대폭 성장했고, 국민 대다수가 절대빈곤에서 벗어났기 때문이다. 하지만 그것이 낙수 효과가 지금도 통하리라는 것을 의미하지는 않는다.

최근 국내외 경기가 아무리 어렵다고 해도 대기업 집단은 여전히 천문학적인 규모의 돈을 벌어들이고 있다. 그리고 대기업은 돈을 벌어도 투자와 고용을 늘리기 보다는 사내 유보금을 잔뜩 쌓고 있으며, 투자를 해도 국내보다는 해외에 더 많이 투자하고 있다. 또한 국민소득 중 기업소득이 차지하는 비중은 날로 증가하고 있는 반면에, 가계소득의 비중은 점점 감소하고 있다. 이런 현상을 볼 때, 현재 우리나라 경제에 낙수 효과가 존재한다고 보기는 어렵다. 최근 IMF와 OECD도 낙수 효과에 대해 회의적인 연구 결과를 내놓은 바 있다. 이제 우리는 낙수 효과의 환상에서 깨어나야 한다. 우리가 과거에 경험했던 낙수 효과의 향수에 젖어들수록 한국경제는 점점 더 깊은 늪으로 빠져

공정 분배

들 것이다.

08
왜 똑같이 일하고
차별받아야 하는가

우리가 불공정한 소득 분배 문제에 대하여 논할 때, 정규직 근로자와 비정규직 근로자의 임금 차별 문제를 빠뜨릴 수 없다. 정규직과 비정규직 간의 임금 차별은 대기업과 중소기업 간의 불공정한 이익 분배 못지 않게 불공정한 소득 분배의 중요한 원인이기 때문이다. 비정규직은 같은 일을 하는 정규직에 비해 훨씬 적은 임금을 받는다. 같은 직장에서, 같은 시간 동안, 같은 일을 하는데도 불구하고 당신비정규직과 나정규직의 임금에 현저한 차이가 있다면, 이게 과연 말이 되는 일인가? 상식적으로나, 이성적으로나, 감정적으로나 아무리 생각해도 말이 안 되는 일이다. 그런데 이런 말도 안 되는 일이 지금 우리 사회에서는 당연한 일로 여겨지고 있다. 지금이 봉건사회도 아닌

공정 분배

데 같은 직장 내에서 당신과 나의 신분이 다르고, 신분에 따라 임금도 다르다니, 이게 과연 공정한가?

같은 직장 내에서 성과나 직위에 따른 임금 차이는 얼마든지 있을 수 있다. 왜냐하면 객관적인 성과 평가가 이뤄진다는 전제 하에 각 개인이 직장 내에서 만들어낸 성과의 차이에 따라 차별적으로 임금을 가져가는 건 공정하기 때문이다. 그리고 직장 내에서 지위 고하에 따라 차별적으로 임금을 가져가는 것도 우리 사회에서는 대체로 용인될 수 있는 일이다. 직장 내 지위 고하에 따라 성과에 대한 책임과 역할 비중이 다른 경우가 많기 때문이다. 하지만 같은 직장 내에서 양반과 평민처럼 구분지어진 정규직과 비정규직이라는 신분이 존재하고, 그 신분에 따라 임금을 차별하는 건 결코 공정하지 않다. 게다가 기업이 근로자의 신분에 따라 임금을 차별하는 건 불공정한 소득 분배의 문제를 넘어 비정규직 근로자의 인권을 침해하는 일이다. 인권이란 인간으로서 당연히 가지는 기본적 권리를 말한다. 그 권리에는 정당한 이유 없이 차별 받지 않을 권리도 포함된다.

최근 통계청이 발표한 자료 2015년 경제활동인구 조사 근로 형태별 부가 조사에 따르면, 우리나라의 비정규직 근로자 수는 약 601만 명 여자가 54.2%인 326만 명, 남자가 45.8%인 275만 명, 2015년 3월 기준 이다. 같은 시점에서 우리나라 전체 근로자 수가 약 1,880만 명이니까, 그중 32%가 비정규직 근로자다. 쉽게 말해 근로자 3명 중 1명이 비정규직이라는 말이다. 열심히 일하면서도 언제 일자리를 잃게 될지 몰라 마음을 졸이며 살아가는 비정규직 근로자가 우리 주변에 그렇게 많다는 것인데, 참으로 슬픈 현실이다.

비정규직 근로자 601만 명을 유형별로 살펴보면 한시적 근로자가 341만 명, 시간제 근로자가 209만 명, 비전형 근로자가 215만 명이다일부 중복집계. 한시적 근로자란 근로계약 기간을 정한 기간제 근로자와 근로계약 기간을 정하지 않고 근로계약을 반복적으로 갱신해서 일하고 있는, 그러니까 언제 일자리를 잃게 될지 모르는 비기간제 근로자 등을 말한다. 시간제 근로자란 한 직장 내에서 다른 근로자들보다 근무시간이 짧은, 주당 근무시간이 36시간 미만으로 정해져 있는 비정규직 근로자를 말한다. 그리고 비전형 근로자란 파견근로자, 용역근로자, 일용직근로자 등을 말한다.

비정규직 근로자 601만 명을 연령대별로 살펴보면 50대가 22.0%132만 명로 가장 많고, 그다음 40대가 21.5%129만 명로 근소하게 50대의 뒤를 잇는다. 그러니까 전체 비정규직 근로자 중 40~50대가 43.5%261만 명에 이르는 것이다. 또한 전체 비정규직 근로자 중 60대 이상 노인도 19.8%119만 명나 되고, 20대가 17.1%101만 명, 30대는 17.2%103만 명이다. 최근 20~30대 청년층의 실업 문제도 큰 문제지만 한참 아이들 교육시키고 뒷바라지하는 데 돈이 많이 들어가는 40~50대 비정규직 근로자의 비중이 가장 크다는 건 심각한 문제가 아닐 수 없다. 단지 그들이 비정규직이라는 이유 때문에 문제가 심각하다는 게 아니다. 그보다는 지금 20~30대 비정규직 근로자에게 희망이 없다는 게 더 심각한 문제다. 젊어서 처우가 열악하고 고용이 불안한 비정규직으로 취업하더라도 시간이 지나면 정규직으로 전환되거나 정규직 일자리를 구할 수 있을 것이라는 희망이 있어야 하는데, 20~30대 비정규직 근로자가 261만 명에 이르는 40~50대 비정규직 근로자들을 보면서 무슨 생각을 하겠는가? 나도 그들처럼 여러 직장을 전전하며 평생 동안 비정규직 인생을 살아갈 수도 있다는 생각 때문에 불안해하지 않겠는가? 그러면 직장에서 시간이 갈수록 근로 의욕이 떨어지고, 그 결과 국가 경제의 활력이 저하되는 문제가 생길 것이다. 실제로 20~30대 비정규직 근로자 중 대다수는 40~50대가 돼서도 비정규직으로 계속 살아가야 할 것이다. 왜냐하면 우리나라에서는 비정규직 근로자가 정규직으로 전환하는 게 너무 어렵기 때문이다. 최근 OECD가 내놓은 보고서 비정규직 이동성 국가 비교, 2013년에 따르면, 우리나라의 비정규직 근로자가 채용 1년 뒤 정규직으로 전환되는 비율은 11.1%에 불과하며, 3년 뒤 정규직 전환 비율도 22.4% 밖에 안 된다. 그러니까 10명 중 1~2명만이 정규직으로 전환되고 있으며, 나머지 8~9명은 계속 비정규직으로 근무하거나 실업자가 된다는 뜻이다.

정규직 일자리를 구하지 못하더라도 정규직과 비정규직의 임금과 복리후생에 차별이 없다면 그래도 다행이지만 실상은 전혀 그렇지 않다. 최근 통계청 조사에 따르면, 비정규직 근로자에 대한 처우는 계속 악화되고 있으며 정규직 근로자와의 차별은 점점 더 커지고 있다. 앞서 본 통계청 자료에 따르면, 2015년 1~3월 월평균 임금은 정규직 근로자가 271만 3천 원인 반면에, 비정규직 근로자는 146만 7천 원에 불과했다. 정규직 근로자의 임금을 100으로 볼 경우, 비정규직 근로자의 임금은 그 절반 수준인 54에 불과한 것이다. 비정규직 근로자 중에서는 한시적 근로자의 평균임금이 163만 3천 원으로 가장 많았고, 비전형 근로자가 150만 7천 원, 시간제 근로자는 73만 1천 원이었다. 그나마 조건이 조금 괜찮다는 한시적 근로자의 평균임금도 정규직 근로자의 평균임금보다 108만 원이나 적었다. 그리고 임금인상률조차도 비정규직은 차별을 받는다. 정규직 근로자의 평균임금은 1년 전에 비해 4.3% 늘어난 반면에, 비정규직 근로자의 평균임금은 0.5% 증가하는 데 그쳤다. 그러니까 시간이 갈수록 정규직 근로자와 비정규직 근로자의 임금 차이가 점점 더 벌어질 수 밖에 없는 것이다.

임금 외에도 국민연금이나 건강보험 등 기본적인 복리후생에 대한 처우도 비정규직 근로자는 열악하기 짝이 없다. 2015년 3월 기준 정규직 근로자의 국민연금 가입률은 82.0%이지만 비정규직 근로자는 37.9%에 불과하다. 그마저도 1년 전보다 1.8%p나 떨어졌다. 건강보험 가입률은 정규직이 84.7%이지만 비정규직은 45.2%에 불과하다. 국민연금과 건강보험은 근로자가 누려야 할 가장 기초적인 복리후생

공정 분배

이다. 국민연금보험료와 건강보험료는 회사에서 절반을 내주고, 근로자 본인이 나머지 절반을 낸다. 그런데 직장 가입자로서 국민연금과 건강보험에 가입되어 있지 않다는 건 지역 가입자로서 회사의 보조 없이 본인이 전액을 납부하고 있다는 것을 의미한다. 비정규직 근로자의 처우를 개선하여 정규직 근로자와의 차별을 없애지 않고서는 우리나라 경제에 희망은 없다. 국민의 다수가 희망을 갖지 못하는 나라에서 경제라고 무슨 희망이 있겠는가?

앞으로 우리나라의 경제가 1980~90년대처럼 고도성장하기는 어렵겠지만 꾸준히 안정적으로 성장하고 발전하려면, 대기업 근로자와 중소기업 근로자 간의 임금 격차가 줄어들고, 정규직과 비정규직 간의 임금 차별이 사라져 국민 대다수에게 성장의 열매가 골고루 나누어져야 한다. 이를 위해 국가는 기업이 정규직과 비정규직 간의 임금을 차별하지 못하도록 법으로 강제해야 한다. 물론 현재도 '기간제 및 단시간근로자 보호 등에 관한 법률'과 '파견근로자보호 등에 관한 법률' 등 비정규직 관련 법률에서, 기업이 비정규직 근로자를 정규직 근로자에 비하여 임금 및 그 밖의 근로조건 등에 있어 합리적인 이유 없이 불리하게 처우하는 것을 금지하고 있다. 하지만 '합리적인 이유'가 있다면 기업이 비정규직 근로자의 임금 등을 차별하는 것을 허용하고 있으며, 그 합리적인 이유라는 게 모호하기 때문에 실제로 정규직과 비정규직 간의 임금 차별이 사라지지 않고 있는 것이다. 이처럼 있으나 마나 한

법이 아니라, 실제로 비정규직의 임금 차별을 원천적으로 금지하는 법이 필요하다.

우리가 법을 제정하고 사회제도를 만들 때에는 우선 사회적 약자의 입장에서 바라보고 생각해야 한다. 왜냐하면 사회적 약자는 우리 사회의 다수를 구성하고 있으며, 말 그대로 약자이므로 법과 사회제도에 의해 보호를 받아야 하기 때문이다. 그래야만 국민 모두가 다 함께 행복하게 살 수 있지 않겠는가? 차별당하는 사람의 입장에서 바라보고 생각한다면 정규직과 비정규직 간의 임금 차별은 사라져야 공정하다. 아니, 오히려 비정규직의 임금이 정규직보다 차별적으로 더 많아야 공정하다. 왜냐하면 비정규직은 정규직에 비해 고용이 불안정하고 복리후생이 상대적으로 열악한 만큼, 그것에 대한 프리미엄을 줘야 합리적이기 때문이다. 쉽게 말해 같은 직장에서, 같은 시간 동안, 같은 일을 하더라도 언제 해고당할지 모르는 비정규직 근로자의 임금이 계속 고용이 보장되는 정규직 근로자보다 더 많아야 상식에 맞는다는 말이다.

나는 기업이 비정규직이라는 고용 형태를 없애고 모든 비정규직 근로자의 신분을 정규직으로 전환해야 한다고 주장할 생각은 없다. 왜냐하면 정규직과 비정규직 간의 임금 차별이 없다면 비정규직을 정규직으로 전환해주는 문제는 그다지 중요하지 않다고 생각하기 때문이다. 어차피 기업이 존재해야 일자리도 존재하는 것이다. 그리고 자본주의 시장경제체제에서 기업은 무한경쟁을 하며 생명을 유지하고 성장한다. 오늘 잘 나가는 기업이 내일 갑자기 문을 닫게 될 수도 있다. 그렇기 때문에 일자리에 앞서 기업의 생존이 먼저다. 따라서 기업이 장사가 잘 될 때에는 일이 늘어난 만큼 더욱 많은 근로자를 고용하고, 장사가 안 될 때에는 그만큼 일이 줄어들기 때문에 일자리를 줄이는 식의 고용 탄력성은 최소한의 범위 내에서 허용될 필요가 있다고 생각한다. 하지만 지금처럼 기업이 단지 이익을 극대화하기 위해 비용 절감의 수단으로써 근로자를 비정규직 형태로 고용하여 정규직과 임금을 차별하는 관행은 반드시 사라져야 한다. 특히 근로자를 파견근로나 사내 하청 방식으로 우회 고용하여 인간을 깍두기 취급하는 비열한 고용 형태는 반드시 사라져야 할 뿐만 아니라, 법으로 금지해야 한다.

정규직과 비정규직 간의 임금 차별이 사라져 근로자의 평균 임금이 오른다면, 그만큼 국가 전체적으로 가계소득이 증가하여 소비 증가로 이어질 것이다. 그리고 이는 결국 기업의 매출과 이익 증가로 이어질 것이다. 그러면 기업은 생산을 늘리기 위해 일자리를 늘릴 것이므로 비정규직의 고용 안정성이 높아질 것이다. 따라서 비정규직으로 근무하다가 해고되더라도 재취업의 기회가 늘어날 것이다. 즉, 정규직과 비정규직의 임금 차별을 없앰으로써 기업 경영진, 주주 등과 근로자가 함께 윈윈할 수 있다는 말이다. 따라서 기업은 당장 눈앞에 보이는 이익에 눈이 멀어 비정규직을 홀대하기보다는 그들이 적어도 정규직과 동등한 수준의 임금을 받으며 일할 수 있도록 처우해야 한다. 그리고 그것을 기업의 자율에 맡기면 효과를 기대할 수 없기 때문에 국가가 나서서 기업 내에서 정규직과 비정규직 간의 임금 차별이 없도록 강제하는 법을 제정해야 한다. 그것이 현재와 미래의 국익을 위해 필요한 진정한 노동 개혁이라는 사실을 대통령과 정부 그리고 국회는 하루라도 빨리 깨달아야 한다.

공정 분배

09
최저임금 근로자는
밥만 먹고 살란 말인가

다른 여러 국가처럼 우리나라에도 최저임금제도가 있다. 최저임금제도는 국가가 노·사 간의 임금 결정과정에 개입하여 임금의 최저 수준을 정하고, 사업주가 근로자에게 최저 수준 이상의 임금을 지급하도록 법으로 강제함으로써 근로자를 보호하는 제도다. 즉, 사업주가 회사와 자신의 이익을 극대화하기 위해 근로자를 과도하게 착취하지 못하도록 법으로 규제하는, 최소한의 임금 보호 장치가 바로 최저임금제도다.

최저임금제도는 근로자에 대하여 임금의 최저 수준을 보장하여 근로자의 생활 안정과 노동력의 질적 향상을 꾀함으로써 국민경제의 건전한 발전에 이바지하는 것을 목적으로 한다.최저임금법 제1조 그리고 헌법에서 국가는 법률이 정하는 바에 의하여 최저임금제를 시행하여야 한다고 규정하고 있다.헌법 제32조 즉, 최저임금제도는 헌법에서 보장하고 있는 근로자의 기본적 권리다. 따라서 최저임금조차 받지 못하는 근로자가 있다면, 그는 인권을 유린당하고 있는 셈이다.

2016년 현재 법정 최저임금은 시급 6,030원이다. 이를 주당 40시간씩 월 20일 동안 근무하는 것으로 따지면 월급이 964,800원이다. 그리고 고용노동부가 고시한 월평균 근로시간인 209시간을 기준으로 따지면 월급이 1,260,270원이다. 최저임금월급 이 96만 원이든, 126만 원이든 우리가 꼭 생각해 봐야 할 문제가 있다. 현재의 최저임금이 법이 정한 바대로 근로자가 생활 안정과 노동력의 질적 향상을 꾀하기에 과연 적정한 수준인가 하는 문제다. 만약 적정하지 않다면, 과연 적정 최저임금은 얼마일까? 우선 시급 6,030원이 근로자의 생활 안정 등을 꾀하기에 적정한 수준인가부터 살펴보자.

6,030원은 우리가 보통의 식당에서 평균적으로 한 끼 식사 정도를 해결할 수 있는 돈이다. 즉, 국가가 근로자의 1시간 노동에 대하여 책정한 최저임금이 한 끼 식사와 비등한 것이다. 집 밥을 먹거나 도시락을 싸 가지고 다니면 그보다 적게 든다는 식의 고리타분한 논쟁은 하지 말자. 우리의 경제생활은 나의 노동을 팔아서 타인의 노동을 구매하는 과정의 연속이다. 다시 말해 우리 모두는 돈화폐 을 매개로 하여 나의 노동과 타인의 노동을 서로 교환하며 살아가고 있다. 따라서 내

가 1시간 동안 노동한 대가로 받은 임금을 식당에서 한 끼 식사를 해결하는 데 쓴다면, 나의 1시간 노동을 팔아서 타인의 노동한 끼 식사을 구매하는 셈이다. 그 한 끼 식사에는 식당 주인의 노동, 주방장의 노동, 종업원의 노동, 식재료를 생산한 근로자의 노동 등 많은 사람의 노동이 조금씩 응축되어 있다. 그처럼 나의 노동을 팔아서 받은 임금으로 타인의 노동을 구매하는 것이다.

현재 법정 최저임금은 우리가 한 끼 식사 정도를 해결할 수 있는 돈이다. 그리고 우리는 생명을 건강하게 유지하기 위해 보통 하루 동안 세 끼의 식사를 하는 것을 표준으로 여긴다. 따라서 하루 8시간을 표준노동시간으로 본다면 최저임금을 받는 근로자는 하루 8시간 중 3시간은 순전히 밥세 끼 식사을 먹기 위해 노동하는 셈이다. 그리고 주 5일 근무하는 경우, 토요일과 일요일 이틀 동안은 노동하지 않는다. 하지만 쉬는 날에도 밥은 먹어야 하니까 그 이틀 동안 여섯 끼니를 해결해야 한다. 따라서 주중에 적어도 매일 1시간 정도1.2시간, 주당 6시간는 토요일과 일요일의 끼니를 해결하기 위해 노동하는 셈이다. 결과적으로 최저임금을 받는 근로자는 하루 8시간 중 4시간은 오로지 밥을 먹기 위해 노동하는 셈이다. 그리고 교통비와 신발값, 화장품값 등 출퇴근을 하거나 직장에 다니면서 꼭 써야 하는 기타 잡비를 지불하기 위해서는 적어도 하루 1시간 이상의 노동이 필요할 것이다. 따라서 최저임금을 받는 근로자는 하루 8시간 중 5시간의 노동에 대한 임금을, 밥을 먹고 출퇴근하는 데 사용해야 한다. 그러면 하루 3시간의 노동에 대한 임금이 남는다. 만약 그에게 부양가족이 1명 있다면 부양가족에게 하루 세끼를 먹이는 데 그 3시간의 노동으로 받은 임금을 전부 사용해야 할 것이다. 그러고 나면 남는 게 없다. 자, 현재의 최저임금이 법에서 규정한대로 근로자가 생활 안정과 노동력의 질적 향상을 꾀하기에 과연 적정한 수준인가? 아마 당신도 나처럼 머리를 가로저을 것이다. 절대로 적정한 수준이 아니라고 말이다. 현재의 최저임금으로는 가족을 부양하는 일은 고사하고 근로자 혼자서 인간답게 살기에도 턱 없이 부족하다. 사람이 어떻게 밥만 먹고 사는가? 그런데 혼자서 밥만 먹고 살기에도 부족한 임금을 최저임금으로 정해 두고 근로자의 생활 안정과 노동력의 질적 향상을 꾀함으로써 국민경제의 건전한 발전에 이바지하기를 기대할 수 있겠는가? 어불성설이다.

현재 정부 고용노동부 산하 최저임금위원회는 미혼인 단신 근로자의 생계비 등을 고려하여 최저임금을 산정하고 있다. 쉽게 말해 1인 독신 가구의 기초적인 생계비를 기준으로 최저임금을 산정하고 있다는 말이다. 그러니 최저임금이 민생의 현실을 제대로 반영하지 못할 뿐만 아니라, 국민경제의 발전에도 이바지하지 못하고 있는 것이다. 그렇다면 과연 적정 최저임금은 얼마일까?

나는 가장이 혼자 벌어서 4인 가구가 최소한의 의식주를 해결할 수 있을 정도의 임금이 적정 최저임금이라고 생각한다. 최저임금의 산정

공정 분배

기준을 현행 1인 독신 가구의 생계비에서 아이 2명을 낳아 키우는 4인 가구의 생계비로 바꿔야 한다는 뜻이다. 예를 들어 아버지 혼자 직장에 다니고 어머니는 가정에서 살림만 해도 아이 2명을 양육하며 살아가는 게 가능한 정도의 임금이 적정 최저임금이라는 것이다. 만약 최저임금의 산정 기준이 4인 가구의 생계비로 바뀐다면 현재 한국경제가 겪고 있는 심각한 내수 부진을 극복하는 데 큰 도움이 될 뿐만 아니라, 우리나라 경제의 미래 전망을 먹구름으로 뒤덮고 있는 저출산 문제를 해결하는 데도 큰 도움이 될 것이다.

물론 최저임금을 갑자기 그렇게 파격적으로 인상하자는 게 아니다. 그렇게 하면 영세한 중소기업과 자영업자가 버티기 어렵기 때문에 오히려 일자리가 감소하여 저임금 근로자의 삶이 지금보다 더 피폐해질 수 있다. 특히 영세한 중소기업의 경영자와 소상공인 중에는 근로자에게 최저임금 이상을 지급하고 있지만, 정작 자신이 가져가는 소득은 최저임금에도 못 미치는 경우가 많기 때문에 무턱대고 최저임금을 대폭 인상할 수는 없다. 다만 일정 규모 이상의 기업에 대하여 최저임금을 단계적으로 인상하는 건 가능할 것이다. 이를 테면 최저임금의 산정 기준을 현행 1인 독신 가구의 생계비에서 2인 가구의 생계비로 인상하고, 그다음 3인 가구의 생계비로 인상하는 식의 단계적인 인상은 가능할 것이라는 말이다. 물론 그에 앞서 대기업과 중소기업 간의 공정한 이익 분배가 먼저 실현돼야 한다. 왜냐하면 최저임금을 받는 근로자는 대부분 대기업이 아닌 중소기업의 근로자이기 때문이다. 따라서 지금처럼 대기업이 중소기업을 착취하는 이익 분배 구조 하에서는 최저임금을 합당한 수준으로 인상하기 어렵다. 만약 중소기업이 이익을 공정하게 분배받지 못하는 상황에서 최저임금을 파격적으로 인상한다면 다수의 중소기업이 쓰러질 게 뻔하기 때문이다.

매년 최저임금이 인상될 때마다 재계 대기업 집단 에서 반복적으로 주장하는 게 있다. 그들은 최저임금이 인상되면 국산 제품의 원가 상승으로 인해 수출품의 가격 경쟁력이 떨어질 뿐만 아니라, 국내 물가도 오를 것이기 때문에 경제에 악영향을 미칠 것이라고 주장한다. 그리고 그들은 최저임금이 인상되면 기업이 일자리를 줄일 수 밖에 없고, 국내보다는 해외에 투자할 수 밖에 없다며 국가와 국민을 겁박한다. 최저임금이 인상되면 중소기업의 납품 단가가 올라 대기업의 이익이 줄어들 것을 걱정하는 그들의 꼼수를 국민이 모를 것이라고 생각하는 것 같다. 만약 최저임금 인상으로 인해 국가경제가 그렇게 어려워질게 걱정된다면 적게는 수억 원에서 많게는 100억 원이 넘는 연봉을 가져가는 그들 재계 경영진 의 임금부터 상식적인 수준으로 조정해야 할 것이다. 최저임금의 최고 1,450배의 연봉을 가져가는 그들이 과연 누구를 위해 국가경제를 걱정하는 것인가? 그야말로 지나가는 개가 웃을 일이다.

2015년 1월 미국의 오바마 대통령은 백악관 연설에서 이렇게 말했다.

"여기에 아직도 최저임금 인상을 반대하는 사람이 있다면, 이 말을 해주고 싶다. 당신이 풀타임으로 일하면서 1년에 1만 5천 달러 미만을 받아 가족을 부양할 수 있다고 진심으로 믿는다면, 한 번 그렇게 해보라. 그게 아니라면 가장 어려운 처지에 있는 수백만 미국 노동자의 임금을 올리는 데 표를 줘라!"

오바마의 연설에 빗대 나는 최저임금 인상에 반대하는 사람들에게 이 말을 해주고 싶다.

"당신이 시급 6,030원을 받아 생활 안정과 노동력의 질적 향상을 추구할 수 있다고 진심으로 믿는다면, 한번 그렇게 살아보라. 그게 아니라면 우리 사회의 밑바닥에서 신음하고 있는 저임금 근로자의 임금을 인상하는 데 인색하지도 반대하지도 마라!"

10

애덤 스미스가 말한
'보이지 않는 손'의 진실

　　지금까지 나는 한국경제가 지긋지긋한 불황을 타개하고 안

정적인 성장을 이룩하기 위해서는 국가_{대통령, 정부, 국회 등}가 시장에 개

입하여 대기업과 중소기업 간의 불공정한 이익 분배 문제를 시정함으

로써 대기업 근로자와 중소기업 근로자 간의 소득 격차를 줄여야 한

다고 주장했다. 또한 정규직과 비정규직의 임금 차별을 없애야 하며

최저임금을 대폭 인상해야 한다고 주장했다. 자연현상 중에는 엔트로

피의 법칙이라는 게 있다. 자연계는 무질서하게 변화하려는 성질이 있

다는 법칙을 일컫는다. 시장도 마찬가지다. 인간의 탐욕은 끝이 없기

때문에 시장을 방치하면 무질서하게 변화할 수밖에 없다. 그 결과 편

법과 부정, 불공정과 불평등이 만연하게 될 것이다. 그러면 소수의 자

본가와 그들에 결탁한 권력자만 배를 불리게 될 것이며, 대다수의 국민은 배를 주린 채 노예처럼 살아가야 할 것이다. 이러한 사실은 일찍이 시장경제가 발달한 서구에서 이미 수백 년 전에 증명된 바 있으며, 그것이 칼 마르크스가 자본론을 들고 나오게 된 배경이다. 소수의 자본가와 권력자만이 아닌, 우리 모두가 함께 행복하게 잘살기 위해서는 시장의 질서를 정리하고 유지해야 할 필요가 있다. 그리고 그 역할을 할 수 있는 유일한 주체는 국가다. 그렇기 때문에 국가는 국민소득이 공정하게 분배되도록 조정해야 할 의무와 책임이 있다. 그리고 공정한 소득 분배야말로 우리 모두가 함께 행복하게 살 수 있는 최선의 길이다.

그런데 일부 극단적인 보수세력은 나처럼 생각하고 말하는 사람을 흔히 종북좌파 또는 빨갱이라며 몰아 세운다. 극단적인 보수세력 중에는, 일제 강점기에는 일본 정부의 비호를 받으며 배를 불리다가 해방 이후에는 반공세력으로 둔갑해 이승만과 박정희 정권의 비호를 받으며 배를 불린 자들또는 그들의 후손이 많다. 그들은 사회의 점진적인 개선을 추구하는 진정한 보수세력이 아닌, 사리사욕에 병든 이기적인 집단이다. 그들은 자신이 가진 기득권이 침범당하는 것을 조금도 용납하려고 들지 않는다. 이쯤에서 나는 한가지 사실을 분명히 밝혀두려고 한다. 나는 종북좌파가 아니며 빨갱이도 아니다. 나는 북한의 정권을 혐오하며, 통제되고 폐쇄된 공산주의 계획경제체제가 아닌 자유와 경쟁이 보장되는 자본주의 시장경제체제를 옹호한다. 다만 나는 혼자 잘 먹고 잘 살아서는 행복할 수 없다고 믿으며, 우리 모두가 함께 잘 먹고 잘 살 때 진정한 행복을 추구할 수 있다고 생각한다. 그렇기 때문에 시장에서 경쟁과 소득 분배가 공정하게 실현될 수 있도록 국가가 적극적으로 개입하여 시장의 질서를 바로 잡고 유지해야 한다고 생각한다.

자본주의 시장경제체제를 자기 편한 대로 이해하고 있는 시장 만능주의자들은 서구에서 경제학의 아버지라고 불리는 애덤 스미스가 그의 저서 《국부론》에서 말한 '보이지 않는 손'을 자주 들먹인다. 그러면서 시장은 그냥 내버려 두면 사회의 이익이 증가하는 방향으로 알아서 찾아가기 때문에 국가가 시장에 개입하지 말아야 한다고 주장한다. 나는 애덤 스미스의 보이지 않는 손에 대하여 그런 식으로 떠벌리는 자들 중 실제로 《국부론》을 처음부터 끝까지 읽어본 자가 과연 몇 명이나 될까 궁금하다. 애덤 스미스가 《국부론》을 저술한 시기에 국가 영국는 일부 상인 계층에 시장에서의 독점권과 특혜를 부여했고, 그로 인해 시장의 가격 조정 기능이 왜곡되었다. 그 결과 국가의 부 富가 특정 상인 계층과 권력자에 집중되는 문제가 있었다. 애덤 스미스는 그처럼 시장의 기능을 왜곡시키는 국가의 정책을 비판하며 국가가 시장에 개입해서는 안 된다고 주장한 것이다. 즉, 애덤 스미스가 말한 보이지 않는 손에 의해 시장이 알아서 사회의 이익이 증가하는 방향으로 간다는 것은 시장에 공정한 경쟁 질서가 존재한다는 전제 하에 말한

공정 분배

것이다. 그런데 지금 우리나라 시장의 질서가 과연 공정하기만 한가? 만약 조금이라도 공정하지 않은 부분이 있다면, 그것을 시정하기 위해 국가가 적극적으로 시장에 개입해야 하는 게 아닌가? 그리고 이러한 당연한 사고를 하는데 좌파니, 우파니, 또는 빨갱이니 하는 구분이 필요한가?

11
공정한 소득 분배는
국민의 생명을 구하는 일이다

 우리나라는 이번에도 역시 OECD 34개 회원국 중 자살률 1위라는 불명예 타이틀을 차지했다. 2003년부터 시작해 가장 최근의 통계인 2012년까지 10년 연속 자살률 1위라는 대기록을 보유하게 된 것이다. 2016년에 우리나라 올림픽 축구 대표팀이 세계 최초로 8회 연속 올림픽 본선 진출이라는 대기록을 세웠다. 그것에 비하면 10년 연속 자살률 1위라는 기록은 얼마나 대단한 것인가? 이 정도면 국민 자살률 부문에서 기네스북에 오를 일이 아닌가 생각된다. 그만큼 국민이 살기 힘든 나라가 바로 대한민국이라는 뜻일 게다. 우리나라 국민의 사망 원인 중 자살은 1992년에 사망 순위 10위에서 1998년에 7위로, 2007년에는 4위까지 상승했고, 인구 10만 명당 자살률은 1990년

7.6명에서 2014년 27.3명으로 지난 25년간 260%나 증가했다. 지난 25년간 우리나라 경제는 240%실질GDP 누적성장률 성장했는데 성장하지 말아야 할 국민 자살률도 경제와 함께 성장한 것이다. 도대체 무엇이 문제일까?

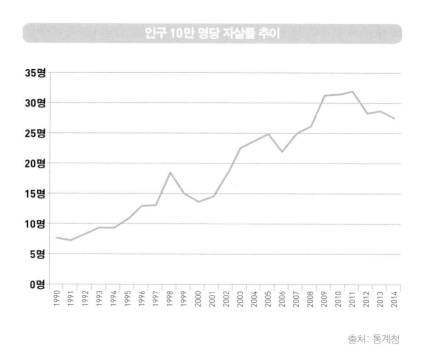

인구 10만 명당 자살률 추이

출처: 통계청

통계청 발표사망 원인별 사망자 수·사망률에 따르면, 2014년 한 해 동안 자살로 인한 사망자 수는 1만 3,836명이다. 그리고 이는 같은 해 교통사고 사망자 수5,700명의 2.4배가 넘는다. 2014년 한 해 동안 매일 38

명이 자살한 셈이며, 38분마다 1명이 스스로 목숨을 끊었다. 그나마 총 자살자 수가 전년에 비해 591명 감소했는데, 이를 두고 다행이라고 해야 할까?

2014년 전체 자살자 중 50대가 21.1%로 가장 많았고, 40대는 근소한 차이를 보이는 20.7%로 그 뒤를 이었다. 그리고 40대와 50대의 자살자 수를 합하면 전체 자살자의 41.8%에 달한다. 또한 60세 이상 노인 자살자 수도 전체 자살자 수의 38.8%나 된다. 따라서 산술적으로 보면 우리나라 국민은 나이를 먹어갈수록 점점 더 살기가 힘들어진다고 추정할 수 있다. 그렇다면 그들은 왜 스스로 생명을 버렸을까? 그 이유까지 속속들이 알기는 어렵다. 죽은 자는 말이 없기 때문이다. 하지만 그들이 소중한 생명을 버린 이유를 추정해 보는 건 어렵지 않다.

역시 통계청 발표<자살에 대한 충동 및 이유, 2015년>에 따르면, 자살 충동을 느껴본 경험이 있다고 응답한 20세 이상 국민에게 물어보니 경제적 어려움 때문에 자살 충동을 느꼈다는 답변이 가장 많았다. 특히 자살 충동을 느껴본 경험이 있는 40~50대 국민 중 절반에 가까운 45.6~46.7%가 경제적 어려움 때문에 자살 충동을 느꼈다고 응답했다. 그리고 60세 이상 노인의 경우에도 경제적 어려움 때문에 자살 충동을 느꼈다는 응답이 34.2%나 됐다. 우리나라의 노인빈곤율도 자살률과 함께 OECD 1위를 달리고 있다. 죽은 자 역시 죽기 전에 산 자와 같은 고민을 했을 것이다. 쉽게 말해 우리나라 국민의 자살 원인 1위는 바로 경제적 어려움 때문일 것이라는 뜻이다. 그리고 지난 25년간 경제가 240%나 성장하는 동안 자살자가 크게 증가한 이유는, 그만큼 경제적 어려움을 겪는 국민이 증가했기 때문이라고 추정해 볼 수 있다. 그런데 지난 수십 년간 우리나라 경제가 괄목할 만한 성장을 해왔고, 우리 사회가 점점 더 풍요로워져 왔음에도 불구하고 경제적 어려움 때문에 자살하는 국민이 증가한 이유는 도대체 무엇일까? 나는 그에 관한 직접적인 통계나 논문 등을 찾아보려고 며칠을 뒤져보았으나 헛수고였다. 하지만 다른 통계를 통해 그 이유를 간접적으로 추정해 보는 일은 어렵지 않았다. 결론적으로 말해 지난 수십 년간 우리 사회가 점점 더 풍요로워져 왔음에도 불구하고 경제적 어려움 때문에 자살하는 국민이 증가한 이유 역시 불공정한 소득 분배와 무관해 보이지 않는다.

지난 수십 년간 우리나라의 상대적빈곤율은 점점 증가해왔다. 상대적빈곤율이란 국민을 소득 수준으로 정렬한 상태에서 한가운데 소득_{중위 소득}의 50% 미만 소득을 버는 인구의 비율을 뜻한다. 쉽게 말해 중위 소득이 100원이라면 그것의 절반인 50원 미만 소득을 버는 인구의 비율을 말한다. 이보다 더 쉽게 말하면 전체 인구에서 빈곤층 인구가 차지하는 비율을 말한다. 우리나라의 상대적빈곤율은 1990년 7.1%에서 글로벌 금융위기 직후인 2009년에 13.1%까지 증가했다가 이후 다소 주춤해 2014년에 10.8%를 기록했다.

출처: 통계청

그리고 같은 기간 동안 우리나라의 지니계수는 1990년 0.256에서 2009년에 0.295까지 증가했다가 이후 다소 주춤해 2014년에 0.277을 기록했다. 지니계수란 소득불평등도를 나타내는 지표로서 0에서 1 사이의 값을 가지며, 1에 가까울수록 불평등도가 높다는 의미다.

　　　　　　　　　　　　　　　　　　　　공정 분배

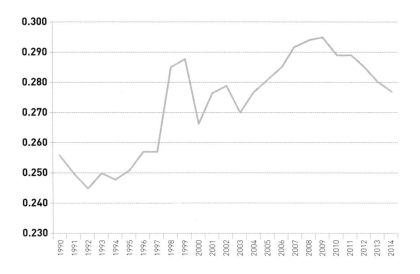

출처: 통계청

소득불평등도_{지니계수}의 증가가 빈곤층 비율_{상대적빈곤율} 증가의 유일한 원인이라고 말할 수는 없지만, 둘 모두 한 국가의 소득 분배 지표이므로 그 둘 사이에는 분명히 연관성이 있다고 봐야 한다. 그리고 소득불평등도가 증가하면 빈곤층의 비율 역시 증가할 것이라는 사실을 유추하는 데 고차원적인 지식이 필요한 것도 아니다. 1990년부터 최근까지 우리나라의 지니계수와 상대적빈곤율의 변동 추이를 살펴보면 그 둘의 궤적이 거의 일치하고 있음을 알 수 있다. 심지어 같은 기간 자살률 추이와도 궤적이 유사하다. 이는 소득불평등도의 증가가 빈곤층 비율의 증가에 상당 부분 기여하고 있다는 것을 시사한다. 따라서 국가가 불공정한 소득 분배 문제를 해결하는 일은 곧 빈곤 문제를 해결하는 것이며, 더 나아가 경제적 어려움 때문에 자살하려는 국민의 생명을 살리는 일이다. 국가가 해야 할 일 중 국민의 생명을 보호하는 것보다 더 중요한 일이 있는가?

12
증세 없이도
복지는 가능하다

2012년에 치러진 18대 대통령 선거에서 최고의 화두는 단연 '복지'였다. 그리고 박근혜 당시 대통령 후보자는 소득과 상관 없이 모든 노인에게 기초연금을 지급할 것이고, 소득과 상관 없이 5세 이하 아동의 보육비를 국가가 부담할 것이라는 등 여러 가지 복지 공약을 내세우며 대통령에 당선됐다. 하지만 우리가 잘 알다시피 대통령 선거가 끝난 후 기초연금과 보육비 문제로 나라 전체가 시끄러웠고, 지금도 정치권 안팎에서 그에 대한 논란이 그치지 않고 있다. 그리고 그보다 훨씬 더 이전부터 정치권에서는 보편적 복지니, 선별적 복지니 하는 문제로 다툼을 해왔으며, 심지어 아이들 밥 먹이는 일 무상급식을 두

고도 싸움질을 해왔다. 문제는 돈 때문이다. 복지를 확대하려면 그만큼 국가의 세입이 늘어야 하는데, 문제는 국가 세입의 대부분이 국민이 내는 세금과 사회보험료 국민연금보험료, 건강보험료 등로 채워진다는 사실이다. 따라서 복지를 확대하려면 국민으로부터 세금과 사회보험료를 지금보다 더 많이 걷어야 한다. 하지만 박근혜 당시 대통령 후보자는 세금 이야기는 쏙 빼놓고 복지를 확대하겠다는 약속만 했으니 결국 사달이 날 수 밖에 없는 것이다. 그처럼 대책 없는 공약이 바로 흔히 말하는 '포퓰리즘'이다. 대선이든, 총선이든, 지방선거든 정치인이 대책 없이 장밋빛 공약을 남발하는 게 바로 포퓰리즘이다. 그리고 포퓰리즘은 우리말로 '새빨간 거짓말'이라고 해석하면 딱 맞다.

정치인이 선거 때만 되면 새빨간 거짓말을 일삼는 이유는 국민을 두려워하지 않기 때문이다. 그리고 정치인이 국민을 두려워하지 않는 이유는 선거 때마다 특정 정당 소속이거나, 또는 특정 지역 출신이라는 이유만으로 표를 던져주는 유권자가 너무 많기 때문이다. 여야를 불문하고 일단 거대 정당 소속의 후보자가 되고 나면, 그의 자질과 정책 공약은 따져보지도 않고 맹목적으로 표를 던져주는 두꺼운 유권자층을 바닥에 깔고 게임을 시작한다. 아마 후보자로 개나 소가 나오더라도 특정 정당이나 특정 지역 출신을 맹목적으로 지지하는 유권자는 그 개나 소에게까지 표를 줄 게 분명하다. 그처럼 자나깨나 일편단심 특정 정당, 특정 지역 출신을 지지하는 유권자가 너무 많기 때문에

공정 분배

정치인이 유권자, 즉, 국민을 두려워할 이유가 별로 없는 것이다. 그리고 정치인이 국민을 두려워하지 않으니 국민에게 새빨간 거짓말을 일삼고, 걸핏하면 국민의 면전에서 싸움질을 벌이는 것이다. 심지어 그것으로도 모자라 국민의 머리 꼭대기 위에 앉아 군림하려고 할 만큼 버르장머리가 없는 것이다. 이제부터라도 우리는 영남과 호남, 보수와 진보, 우파와 좌파 등 자신을 스스로 한편에 세운 뒤 특정 정당이나 특정 지역 출신의 정치인에게 맹목적으로 표를 던져주는 행위를 멈춰야 한다. 그렇지 않으면 앞으로도 정치인은 국민을 두려워하지 않을 것이며, 결과적으로 우리가 사는 세상이 바뀌지 않을 것이다. 결국 정치인을 바꾸고 세상을 바꾸는 일은 유권자인 우리의 손에 달린 것이다.

국민으로부터 세금을 지금보다 더 많이 걷지 않고도 복지를 확대할 수 있는 방법은 분명히 존재한다. 즉, 증세 없이도 복지가 가능하다는 말이다. 그것은 공정한 소득 분배를 통해 실현할 수 있다. 즉, 공정한 소득 분배가 곧 복지 그 자체라는 뜻이다. 왜냐하면 소득이 공정하게 분배돼 저소득층의 소득 수준이 향상되고 중산층이 증가하면, 그만큼 소득 재분배의 필요성이 줄어들기 때문이다. 우리 사회에서 복지가 필요한 가장 큰 이유는 국민소득이 불공정하게 분배돼 소득으로부터 소외되는 계층이 존재하기 때문이다. 소득으로부터 소외된 계층에 최소한의 인간다운 삶을 보장해주기 위해 국가가 국민으로부터 걷은 세금을 재원으로 복지 서비스를 제공하는 것이다. 그것을 소득 재분배라고 한다. 소득이 공정하게 분배되면 소득으로부터 소외되는 계층이 감소하므로 그만큼 소득 재분배의 필요성이 줄어든다. 그렇기 때문에 내가 공정한 소득 분배가 곧 복지이며, 이를 통해 국민으로부터 세금을 더 많이 걷지 않고도 복지를 확대할 수 있다고 주장하는 것이다. 내가 이해하고 있는 것을 당신도 이해했으리라 믿는다.

공정 분배

제2장

주택 시장의
거품을
제거하라

j·u·s·t·i·c·e
d·i·s·t·r·i·b·u·t·i·o·n

01
비싼 주택 가격도
한국경제의 발목을 잡고 있다

한국경제의 침체가 오랫동안 지속되고 있는 데에는 불공정한 소득 분배와 더불어, 가계소득에 비해 너무 비싼 주택 가격도 한 몫을 단단히 하고 있다. KB국민은행이 발표한 통계에 따르면, 전국 주택에 대한 PIR의 중위값은 5.3이며 서울의 경우는 9.6이다.

단위: 만 원, 배

	평균 주택가격	1분위	2분위	3분위	4분위	5분위
전국	가구 연소득	11,419	18,585	25,048	33,972	56,235
	1분위 1,725	6.6	10.8	14.5	19.7	32.6
	2분위 3,428	3.3	5.4	7.3	9.9	16.4
	3분위 4,727	2.4	3.9	5.3	7.2	11.9
	4분위 6,151	1.9	3.0	4.1	5.5	9.1
	5분위 9,777	1.2	1.9	2.6	3.5	5.8
	평균 주택가격	1분위	2분위	3분위	4분위	5분위
서울	가구 연소득	23,530	35,899	45,735	60,586	104,459
	1분위 1,725	13.5	20.6	26.2	34.7	59.8
	2분위 3,428	6.8	10.4	13.3	17.6	30.3
	3분위 4,727	4.9	7.5	9.6	12.7	21.9
	4분위 6,151	3.8	5.8	7.4	9.8	16.9
	5분위 9,777	2.4	3.6	4.6	6.2	10.6

❖ 중위 위 표에서는 3분위 가격은 주택 가격을 순서대로 나열할 때 중앙에 위치하는 가격을 말하고, 중위 위 표에서는 3분위 소득은 가구소득을 순서대로 나열할 때 중앙에 위치하는 소득을 말한다.

출처: 월간 KB 주택 가격 동향, 2016. 02

공정 분배

PIR Price to Income Ratio 이란 가계의 주택 구매 능력을 나타내는 지표로서 주택 가격을 가구의 연年소득으로 나눈 배수를 말한다. 따라서 서울의 PIR 중위값이 9.6이라는 건 서울의 주택 가격 중위값이 가구 연소득 중위값의 9.6배라는 뜻이다. 쉽게 말해 중간 정도의 소득을 버는 가구가 서울에서 중간 정도의 가격에 내 집 마련을 하려면, 소득을 한 푼도 소비하지 않고 전부 저축하는 경우, 10년9.6년이 걸린다는 뜻이다. 만약 소득 중 절반만 저축한다면 서울에서 내 집 마련을 하는 데 꼬박 20년19.2년이 걸린다는 뜻이다. 그런데 우리가 소득 전부를 저축하는 건 사실상 불가능한 일이다. 뿐만 아니라 중간 정도의 소득을 버는 가구가 아이를 양육하면서 소득 중 절반을 저축하는 것도 결코 쉬운 일이 아니다. 그렇다 보니 보통의 가구는 내 집 마련을 하기 위해 10년 이상 저축하고, 그것으로도 모자라 은행에서 돈을 빌려 겨우 집 한 채를 장만한다. 게다가 이후에는 은행 대출금을 갚느라 또다시 10년 이상 허리띠를 졸라맨 채 지내는 가구가 태반이다. 푸른 초원 위에 그림 같은 집을 짓고 사는 것도 아니고, 겨우 서너 식구가 생활할 수 있는, 방 2~3개 딸린 집 한 채를 장만하는 데 수십 년이 걸리는 것이다. 한 마디로 말해 집값이 미친 게 아닌가? 이처럼 가계소득에 비해 터무니 없이 비싼 주택 가격은 한국경제의 또 다른 아킬레스건이다. 왜냐하면 소비와 생산 활동에 사용되지 않고 주택 시장에 묶인 채 잠자고 있는 돈이 너무 많기 때문이다.

2014년 기준 전국의 아파트 시가총액은 2,000조 원이 넘는다. 아파트 외에 다세대주택, 단독주택 등을 모두 포함한 전국 주택 시가총액은 무려 3,000조 원이 넘는다. 2014년 우리나라 국내총생산 명목GDP이 약 1,485조 원이었고 국가 예산이 356조 원이었다. 그러니까 전국 주택의 시가총액은 GDP의 2배가 넘고 국가 예산의 8배가 넘는다. 그 많은 돈이 주택 시장에 묶인 채 소비와 생산 활동에 사용되지 않고 쿨쿨 잠을 자고 있는 것이다. 거기에 주택 마련 저축과 주택 대출금 상환에 쓰이는 돈까지 합하면 주택이 방석 삼아 깔고 앉아 있는 돈은 헤아리기 조차 어려울 것이다.

우리가 주택 구입에 사용하는 돈은 최초 분양 신축 당시 건설 회사 등에 지불되는 경우를 제외하면 부가가치를 전혀 생산하지 못한다. 돈이 부가가치를 생산하지 못한다는 건 경제의 혈액으로서 그 순기능을 하지 못하고 있다는 뜻이다. 돈이 부가가치를 창출하려면 소비되어 기업소득으로 이전되거나 기업 주식, 채권 등에 투자되어야 한다. 그리고 소비가 늘고 생산이 늘어야 일자리가 늘고 임금도 올라 국민소득이 증가하며, 그 결과 국가경제가 건강한 혈색을 되찾고 빛 좋은 혈색을 유지할 수 있다. 하지만 우리가 주택 구입에 사용하는 돈은 소비되지 않으며 기업에 투자되지도 않는다. 그 돈은 단지 유휴자산으로 탈바꿈하여 주택 시장에서 잠을 잘 뿐이다.

그런데 만약 우리가 주택 가격의 최대 절반을 은행의 예금처럼 인출할 수 있다고 가정해보자. 그러면 전체 가계에 당장 1,500조 원이 넘는 현금성 자산이 생긴다. 그리고 우리가 그 돈을 향후 20년에 걸쳐 매년 균등하게 소비한다면, 한국경제는 해마다 평균 7% 안팎의 고성장을 하게 될 것이다. 따라서 1980년대 부럽지 않은 호황을 다시 누리게 될 것이다. 그러한 고성장의 기회가 주택 시장에 묶인 채 쿨쿨 잠만 자고 있는 것이다. 따라서 부동산정책에 있어 대통령과 정부는, 무엇보다 주택 시장에 묶인 채 잠자고 있는 돈을 최대한 소비로 끌어냄으로써 경제에 활력을 불어 넣을 수 있는 정책을 추진해야 한다. 가계가 주택을 담보로 돈을 대출받아 소비토록 유도하는 정책을 말하는 게 아니다. 그러한 정책은 가계부채 증가로 인해 결과적으로 경제에 악영향을 미칠 뿐이다. 가계가 주택 시장에서 최대한 많은 돈을 인출해 소비하도록 유도하는 정책을 펴야 한다는 것이다. 물론 주택 시장에 묶인 돈을 은행의 예금처럼 인출해 소비하는 건 불가능하다. 하지만 주택 가격이 하락한다면 가계가 주택 시장에 묶인 돈을 인출해 소비하는 것과 유사한 경제적 효과를 얻을 수 있다.

만약 주택 가격이 하룻밤 사이에 지금의 절반 수준으로 대폭 하락한 뒤 영구적으로 오르지 않는다고 가정해보자. 그러면 현재 주택을 소유하고 있는 사람은 무척 괴롭겠지만 주택의 잠재적 소유자 무주택자, 청년 등 미래 세대의 소비 여력이 크게 개선될 것이다. 왜냐하면 내 집 마련에 필요한 비용이 지금의 절반 밖에 들지 않기 때문이다. 따라서 주택 가격의 나머지 절반만큼 소비 여력이 증가할 것이다. 뿐만 아니라 주택 마련 저축과 주택 대출금 상환에 쓰는 돈이 줄어 그만큼 소비 여력이 또 늘어난다. 그리고 주택 가격이 떨어진 만큼 임대료_{전·월세}도 떨어질 것이다. 결론적으로 말해 주택 가격이 대폭 하락하면 그만큼 주택 시장으로 흘러가 묶이는 돈이 크게 감소할 것이며, 임차 가구의 거주 비용도 감소할 것이다. 그렇게 해서 가계에 남게 되는 돈이 어디로 가겠는가? 소비 증가로 이어져 경제 성장을 이끌지 않겠는가?

물론 주택 가격이 단기간에 대폭 하락하면 한국경제는 한동안 어려움을 피할 수 없을 것이다. 우선 건설업과 그 연관 산업이 불황의 직격탄을 맞게 될 것이며, 그로 인해 일자리가 줄고 가계의 소비 심리가 위축될 것이다. 깡통주택과 깡통전세로 어려움을 겪는 사람도 증가할 것이다. 그리고 주택 담보 대출 등 가계부채의 부실화로 인해 은행을 비롯한 금융 회사의 재무건전성이 악화돼 도산할 수도 있다. 또한 주식 시장과 채권 시장이 폭락하고 금리와 환율이 폭등하는 등 금융 시장에 일대혼란이 생길 수도 있다. 하지만 우리나라 경제에 폭풍이 한두 차례 지나가고 나면 주택 가격이 하락한 만큼 가계의 소비 여력이 개선돼 기업의 매출과 이익이 다시 늘어나고, 일자리도 다시 늘어날 것이다. 그리고 그때부터 한국경제는 탄탄하고 안정적인 성장을 추구할 수 있을 것이다.

사실 우리에게는 과거 1990년대 후반_{IMF 외환위기}과 2000년대 후

반글로벌 금융위기, 두 차례에 걸쳐 주택 시장에 잔뜩 낀 거품을 제거할 수 있는 큰 기회가 있었다. 하지만 그때마다 대통령과 정부 그리고 국회는 부동산 시장의 규제를 거의 철폐하다시피 하며 주택 가격을 끌어올리는 데 매달렸다. 당장의 위기를 모면하는 데 급급했던 것인데, 그때 그렇게 하지 말았어야 했다. 이제라도 국가는 주택 가격을 끌어올려 건설 경기를 부양하려는 정책을 펴지 말고, 주택 가격을 떨어뜨려 가계소비를 부양하는 정책을 펴야 한다. 아니면, 적어도 주택 가격이 오르지 못하도록 붙잡아두는 정책을 펴야 한다. 그것이 결국 우리 모두가 함께 행복하게 살 수 있는 길이라는 사실을 대통령과 정부 그리고 국회는 조속히 깨달아야 한다.

02
미친 집값,
과연 누구의 책임인가

지금처럼 주택 가격이 미친 데에는 주택 가격의 안정을 위해 일관된 부동산정책을 펴지 않고 갈지자 정책을 펴온 국가의 잘못이 가장 크다. 부동산 가격은 다른 재화와는 달리 국가의 정책에 따라 크게 영향을 받는다. 왜냐하면 그동안 국가는 전체 국민의 생활에 큰 영향을 미치는 부동산에 공공재의 성격이 있다고 보고 국민의 주거 안정 등을 이유로 부동산 시장에 적극적으로 개입해 왔기 때문이다. 그런데 문제는 국가의 부동산정책이 국민의 주거 안정이라는 가장 우선적인 목표를 위해 일관되게 추진된 게 아니라, 경기 부양의 수단으로 수시로 변질되는 등 대통령이 바뀔 때마다 부동산정책이 오락가락해 왔다. 그렇기 때문에 그동안 주택 가격이 주기적으로 급등하며 지금처

공정 분배

럼 수습이 곤란한 지경에 이르렀다.

우리나라는 1967년 최초의 부동산 투기 대책인 '부동산 투기 억제에 관한 특별조치법'을 시행한 이후 투기 억제책과 부양책을 번갈아가며 펴왔다. 그 결과 국가가 오늘은 투기 억제책을 내놓더라도 내일이 되면 또다시 부양책을 펼 것이므로 부동산 가격이 오르리라는 믿음을 시장에 주었다. 그것이 우리나라에서 부동산 불패 신화가 만들어진 배경이다. 만약 국가가 일관되게 투기 억제책을 추진해 왔다면 지금 주택 가격은 국민소득 대비 안정적인 수준을 유지하고 있을 것이며, 다른 건 몰라도 국민의 주거 비용에 대한 부담만큼은 크게 줄었을 것이다. 지금이라도 늦지 않았다. 대통령과 정부는 부동산을 경기 부양의 불쏘시개로 활용하는 짓을 이제 그만 둬야 한다. 그리고 부동산 정책의 최우선 목표를 주택 가격 하락을 통한 국민의 주거 안정 및 내수 경기 부양에 두고 추진해야 한다. 그리고 다음 정부에서도 일관된 정책 기조가 유지될 수 있도록 법률적 기반을 마련해야 한다.

국가 다음으로 주택 가격 인상에 영향을 크게 미친 자들은 필요 이상으로 여러 채의 주택을 소유한 다주택자들이다. 부동산 업계에는 다주택자가 국가를 대신해 임대주택 공급자로서 중요한 역할을 하고 있다는 주장을 하는 사람들이 많다. 즉, 다주택자가 국가 대신 무주택 가구에게 임대주택을 공급해 주고 있다는 것이다. 국가도 그 점을 일부 인정하여 정식으로 사업자 등록을 하고 주택임대사업을 하는 다주택자에게 각종 세제 혜택을 주고 있다. 그런데 이런 식의 주장은 다주택자가 무주택 가구의 내 집 마련을 방해하고 있다는 사실을 모르고 또는 모른 척하고 하는 소리다.

통계청이 매년 발표하는 개인별 주택 소유 현황에 따르면, 2014년 기준 전국의 주택 총수는 약 1,592만 채이며, 그중 법인, 정부 등을 제외한 개인 소유의 주택은 약 1,367만채다. 그리고 2채 이상의 주택을 소유한 다주택자가 약 172만 명이다. 그러니까 전체 주택 중 25%가 넘는 최소 344만 채 172만 명 × 2채 이상의 주택이 다주택자의 손에 있는 것이다. 그중에는 10채가 넘는 주택을 소유한 다주택자도 약 2만 5천 명이나 된다. 또한 2015년 국세청에서 작성한 자료 종합부동산세 개인 납세자 보유 주택 수 상위 1,000명 현황에 따르면, 다주택자 상위 10명은 1인당 평균 240채의 주택을 소유하고 있으며, 그중 가장 많은 주택을 소유한 다주택자는 서울에만 277채의 주택을 소유하고 있다. 한 개인이 300채에 가까운 주택을 소유하고 있다니 보통의 국민이라면 입이 크게 벌어질 만큼 놀랄 일이 아닌가? 심지어 2005년에 행정자치부가 발표한 자료 세대별 주택 및 토지 보유 현황에 따르면, 당시 가장 많은 주택을 소유한 다주택자는 무려 1,083채의 주택을 소유하고 있었다.

이명박 정부 때 농지법 위반, 위장 전입 등 각종 불법과 편법을 일삼으며 부동산 투기를 한 것으로 알려진 모 장관 내정자가 "자연의 일부인 땅을 사랑할 뿐, 투기를 한 건 아니다."라는 명언을 남긴 것처럼

공정 분배

다주택자도 '인생의 일부인 집을 사랑할 뿐, 투기를 한 건 아니다.'라고 항변할지 모르겠다. 하지만 그들이 주택을 사재기하여 결과적으로 주택 시장의 가격 결정 기능을 왜곡하였고, 그로 인해 절대다수의 국민은 비싼 주택 가격과 그에 따른 대출금, 임대료 때문에 등골이 휘고 있다. 물론 그것이 전부 다주택자의 탓만은 아니다. 앞서 말한 대로 주택 가격의 안정을 위해 일관된 부동산정책을 펴지 않은 국가의 잘못이 가장 크다. 뿐만 아니라 1주택 가구의 잘못도 일부 있다. 왜냐하면 다주택자와 마찬가지로 1주택 가구 역시 그동안 투기적인 동기를 갖고 내 집 마련을 한 경우가 많기 때문이다. 다만 다주택자가 국민의 등골을 휘게 만든 이등 공신 일등 공신은 국가다 인 것만은 분명한 사실이다.

대다수의 무주택 가구가 아직까지 내 집 마련을 하지 못하고 있는 가장 큰 이유는 소득에 비해 주택 가격이 너무 비싸기 때문이다. 그리고 인간의 노동력을 재생산하는 데 밥 다음으로 가장 중요한 집을 돈벌이의 대상으로 여겨, 필요 이상으로 여러 채의 주택을 소유하고 있는 다주택자는 그동안 주택 가격을 올리는 데 기여한 바가 대단히 크다. 그만큼 다주택자는 무주택 가구의 내 집 마련을 어렵게 만들고 있는 것이다. 그런 다주택자가 마치 국가를 대신해 자선사업을 하고 있는 양 추켜세우는 게 우습다.

03
미친 집값,
어떻게 잡을 것인가

　　주택 가격을 잡으려면 국가가 적극적으로 나서서 주택 가
격 하락을 유도하는 수밖에 없다. 국가가 주택 가격 하락을 유도하려
면 주택 공급을 늘리거나 수요를 억제해야 한다. 주택 공급을 늘리는
방법은 크게 3가지를 생각해 볼 수 있다. 우선 첫 번째 방법은, 수명
이 다해 멸실되는 주택 수보다 더 많은 주택을 지어 물량을 늘리는 것
이다. 그다음 두 번째 방법은, 주택 물량을 늘리지 않고 시장에 매물을
늘리는 것이다. 마지막 세 번째 방법은, 주택 물량과 매물을 모두 늘리
는 것이다. 그런데 우리나라의 주택 보급률은 이미 100%103.5%, 2014
년가 넘는다. 즉, 1가구당 1채 이상의 주택을 소유할 수 있을 만큼 주
택 물량은 충분하다는 말이다. 물론 지역에 따라 편차가 있다. 따라서 멸실되

는 주택 수보다 더 많은 주택을 지어 물량을 늘리는 건 쓰레기 빈집를 늘리는 것과 다름이 없으며, 동시에 국가의 자원을 낭비하는 일이다. 그렇기 때문에 주택 물량은 매년 가구 수의 증가분만큼만 늘리면 족하다. 그리고 주택 가격을 떨어뜨리기 위해서는 시장에 매물을 늘리는 게 바람직하다.

주택 시장에 매물을 늘리려면 다주택자의 수요 소유욕를 억제하여 그들이 가진 주택을 시장에 내다 팔도록 유도해야 한다. 현재 우리나라의 주택보급률은 100%가 넘지만 자가주택보유율은 그것에 훨씬 못 미치는 58.0% 2014년에 불과하다. 즉, 10가구 중 6가구만 주택을 소유하고 있으며, 4가구는 무주택이라는 말이다. 서울의 경우, 10가구 중 5가구가 무주택이다. 그러니까 10가구 중 4~5가구는 다주택자가 소유한 주택을 임차하여 전세나 월세로 거주하고 있는 것이다. 다주택자가 여러 채의 주택을 소유하고 있는 가장 큰 이유는 주택 가격이 오르면 큰 돈을 벌 수 있을 거라는 기대가 있기 때문이다. 주택 가격이 오르면 주택을 팔아 시세 차익을 얻을 수 있으며, 임대료를 인상해 임대소득을 늘릴 수도 있다. 따라서 이러한 기대를 죽은 나뭇가지 꺾듯이 확 꺾어버리면 많은 다주택자가 실거주 목적의 주택을 제외한 나머지 투자 목적의 주택을 시장에 매물로 쏟아낼 것이다. 그러면 주택 가격은 금세 하락할 수밖에 없다.

이를 위해 국가는 2014년에 폐지된 다주택자에 대한 양도소득세 중과세 규정을 영구적으로 부활시켜야 한다. 뿐만 아니라 다주택자에 대한 장기보유특별공제를 영구적으로 없애는 등 양도소득세 중과세 규정을 강화하고, 양도소득을 종합소득에 편입해 다른 소득근로소득, 사업소득 등과 합산하여 누진과세해야 한다. 그리고 다주택자에 대한 보유세재산세, 종합부동산세 등 역시 중과세해야 하며, 주택임대사업 등록자에게 주고 있는 각종 세제 혜택을 폐지해야 한다. 그 외에도 다주택자에 대한 대출 규제를 강화함으로써 레버리지를 이용해 여러 채의 주택을 소유하지 못하도록 규제해야 한다. 또한 다주택자가 주택 가격 하락분이나 세금 증가분을 임차 가구무주택 가구에 떠넘기지 못하도록 국가가 주택 임대료를 통제해야 한다. 임대료 통제는 주택 공시 가격, 건축물의 감가상각비 및 유지수선비, 금리 등을 고려하여 적정 임대료의 상한선을 두는 방식을 생각해 볼 수 있다.

이처럼 다주택자에 대해 무거운 세금을 물리고 국가가 임대료를 통제한다면, 주택 시장에 공급다주택자의 매물이 쏟아지고 주택 수요가 급감할 것이므로 주택 가격이 대폭 하락할 것이다. 그러면 무주택 가구가 내 집 마련을 하기가 한결 쉬워질 것이다. 물론 주택 가격이 가파르게 하락하는 동안에는 선뜻 주택을 구입하기 어려울 것이다. 왜냐하면 값이 급하게 떨어지는 주택을 구입하는 건 떨어지는 칼날을 잡는 것처럼 위험해 보이기 때문이다. 따라서 한동안 주택 시장이 꽁꽁 얼어붙는 것을 피할 수는 없을 것이다. 하지만 시간이 지나 시장에서 주택 가격이 바닥을 쳤다는 무언의 합의가 이뤄지게 되면, 그동안 돈이 부족해서 내 집 마련을 하지 못했거나 충분한 돈이 있어도 주택 구입을 미루고 있는 많은 무주택 가구가 주택을 구입하기 시작할 것이다. 그러면 차갑게 얼어버린 주택 시장은 서서히 온기를 되찾아 녹아내리게 될 것이며, 내수 경기의 한 축인 건설 경기도 다시 봄바람을 맞이하게 될 것이다. 그리고 주택 가격이 바닥을 친 뒤에는 가격 상승이 물가 상승률을 넘어서기 어려울 것이다.

그 외에 1가구 1주택에 대한 양도소득세 비과세 규정도 폐지해야한다. 뿐만 아니라 1주택 가구 역시 양도소득을 종합소득에 편입하여 누진과세해야 한다. 다주택자든, 1주택자든 주택을 사고 팔아서 큰 돈을 벌 수 있다는 기대를 아예 갖지 못하게 해야 한다는 말이다. 그 대신 1가구 1주택에 대하여는 취득세와 보유세 부담을 대폭 덜어줄 필요가 있다. 그리고 주택 담보 대출 이자에 대한 소득공제 요건 및 한도를 완화하는 등 1주택 보유와 관련된 기존의 소득공제 및 세금 감면 혜택을 대폭 확대할 필요가 있다. 뿐만 아니라 1주택 보유세액 공제 등 새로운 세금 감면 제도를 추가할 필요도 있다. 이처럼 1가구 1주택에 대한 양도소득세 비과세규정을 폐지하는 대신 취득 및 보유 단계에서의 세금 부담을 크게 줄여주는 당근 정책을 펴서 무주택 가구의 주택 구입을 유도한다면 다주택자의 매물 폭탄으로 인한 시장의 충격을 일부 상쇄할 수 있을 것이다.

지금까지 말한 것처럼 국가가 다주택자에 대한 양도소득세 및 보유세 과세를 강화하고, 주택 임대료를 통제한다면 주택 시장에 묶여 있는 많은 자금이 시장을 이탈할 것이다. 그리고 신규 자금의 주택 시장 유입은 급감할 것이다. 하지만 한번 부동산에 투자하여 재미를 본 사람은 부동산에 대한 미련을 쉽게 버리지 못하는 법이다. 그렇기 때문에 주택 시장에서 빠져 나온 자금 중 상당액이 상업용 부동산 시장과 토지 시장으로 옮겨갈 가능성이 크다. 그러면 상업용 부동산과 토지의 가격 및 임대료가 대폭 상승해 자영업자와 소규모 중소기업의 생존을 위협할 수 있다. 뿐만 아니라 상업용 부동산과 토지의 임대료가 대폭 상승하면 제품과 서비스의 가격이 크게 올라 최종 소비자인 국민 대다수에게 그 부담이 전가될 것이다. 주택 시장을 잡으려다가 상업용 부동산과 토지의 가격 및 임대료가 대폭 상승하면 자영업자와 소규모 중소기업 그리고 국민 대다수의 호주머니를 털어서 건물주와 토지주의 배를 불려주는 꼴이 될 수 있다. 이러한 풍선효과가 나타나는 것을 막기 위해서는 주택과 마찬가지로 상업용 부동산과 토지에 대하여도 양도소득세 및 보유세 과세를 강화하고, 국가가 임대료를 통제해야 한다. 결론적으로 말해 주택이든, 상업용 부동산이든, 토지든 가릴 것 없이 부동산 가격이 올라서 큰 돈을 벌었다는 소리가 대한민국에서 아예 사라지게 만들어야 한다.

04
노무현의 부동산 억제 정책은
과연 실패했나

역대 대통령 중 지금까지 내가 말한 주택 수요 억제 정책에 가장 근접한 부동산정책을 추진한 이는 노무현 대통령이다. 그에 앞서 김대중 대통령이 IMF 외환위기를 극복하는 과정에서 부동산 시장의 규제를 무장 해제시키고 유동성 공급을 확대하자, 부동산 경기가 과열되면서 주택 가격이 크게 뛰어 올랐다. 그러자 후임 노무현 대통령은 취임 초부터 '하늘이 두 쪽 나더라도 부동산만은 잡겠다.'며 주택 가격 안정에 대해 강한 의지를 불태웠다. 그리고 이를 실행하기 위해 과세 강화 및 대출 규제를 카드로 꺼냈다.

다주택자에 대한 양도소득세 중과세, 1주택 가구에 대한 양도소득세 비과세 요건 강화, 양도소득세 실거래가 과세, 종합부동산세, 분양가 상한제, 분양권 전매 제한, 재건축개발이익 환수제, 주택 담보 대출 규제LTV, DTI 등 노무현 정부는 열 손가락과 열 발가락을 다 사용해도 세기가 어려울 만큼 많은 부동산 시장 억제 정책을 임기 내내 쏟아냈다. 하지만 그를 조롱이라도 하듯이 주택 가격은 하늘 높은 줄 모르고 치솟았고, 그로 인해 정치권과 시장에서는 노무현 대통령의 부동산정책을 비판하고 실패한 것으로 평가하는 자들이 많았다. 그리고 지금도 정치권에서는 잊을 만하면 노무현 대통령의 부동산정책을 들먹이며 정쟁의 소재로 삼는 자들이 있다.

노무현 대통령의 부동산정책이 실패했다고 평가하는 자들이 주장하는 논리는 대체로 비슷하다. 시장의 원리에 따라 공급을 늘려 주택 가격을 잡아야 하는데, 세금과 규제로 잡으려다가 실패했다는 것이다. 하지만 나는 그들과 생각이 전혀 다르다. 만약 노무현 대통령이 부동산에 대한 과세를 강화하고 대출을 규제하는 정책을 추진하지 않았다면, 앞서 김대중 정부 때부터 이미 고삐 풀린 망아지처럼 날뛰었던 주택 가격은 노무현 정부 때 더더욱 날뛰었을 게 분명하다. 쉽게 말해 노무현 대통령이 부동산 시장을 억제해 주택 가격의 오름세가 그만했던 게 다행이라는 말이다. 전국적으로 투기 수요가 활개치고 유동성이 풍부하여 주택 가격이 날뛰는 상황에서는 주택 공급을 늘려봐야 시장의 가격 조정 기능이 제대로 작동하지 않을 가능성이 매우 크다. 왜냐하면 유동성이 풍부하고 주택 가격이 계속 오르는 동안에는 시세 차익을 기대하고 주택을 사려는 투기 수요가 줄지 않기 때문이다.

부동산 시장에서 많은 사람이 착각하는 게 하나 있다. 그것은 단순히 주택 분양 공급을 늘리면 주택 가격이 안정될 것으로 믿는다는 점이다. 그런데 부동산이든, 주식이든, 다른 무엇이든 본래 투기 수요는 자산 가격이 오를 때 만연하는 법이다. 그리고 투기 수요가 활개치는 동안에는 공급이 파격적으로 늘지 않는 이상, 자산 가격은 쉽게 떨어지지 않는다. 게다가 주택 공급은 오늘 결정한다고 해서 내일 당장 늘어나는 게 아니다. 왜냐하면 아파트의 입주 물량을 공급 기준으로 볼 때, 주택 공급은 택지 확보부터 시작해 건축 인허가, 착공, 준공에 이르기까지 보통 4~5년 이상 걸리기 때문이다. 열 번 양보해 아파트의 분양 물량을 공급 기준으로 보더라도, 주택 공급을 결정한 후 시장에 분양 물량이 풀리기까지는 1~2년 이상 걸린다. 재건축·재개발 아파트의 경우에는 처음 추진 단계부터 시작해 마지막 준공에 이르기까지 10년 이상 걸리는 경우도 허다하다. 이처럼 주택 공급 확대의 실질적인 효과가 시장에 나타나려면 시간이 오래 걸린다. 따라서 과세를 강화하고 대출을 규제함으로써 다주택자의 투기 심리를 위축시켜 단기간에 수요를 억제하려고 했던 노무현 대통령의 결정은 옳은 것이었다. 단기간에 투기 수요를 억제하는 데 세금과 규제만큼 강력한 무기가 없기 때문이다. 그리고 노무현 대통령이 주택 담보 대출을 규제한 덕에 우리나라는 2008년 글로벌 금융위기의 충격을 다른 국가에 비해 상대적으로 적게 받았다.

다만 그렇다고 해서 노무현 정부의 부동산정책이 성공적이었다고 평가하는 건 무리다. 이유야 어쨌든 주택 가격이 높이 뛰어 올랐기 때문이다. 굳이 평가하자면 절반의 성공이라고 말할 수 있다. 나는 노무현 대통령의 부동산정책이 절반의 성공에 머무른 이유가 보다 더 강력한 과세 및 규제 정책을 펴지 않았기 때문이라고 생각한다. 국회 입법 과정에서 종합부동산세가 누더기 법안이 되는 등 정치권 우리나라의 정치인과 고위 관료 중에는 부동산 부자가 참 많다. 의 협조를 제대로 얻지 못한 것도 문제였지만, 이는 논외로 하겠다. 노무현 대통령은 부동산 투기와 전쟁을 하기로 기왕에 작심한 김에 혁명과도 같은 강력한 과세 및 규제 정책을 추진했어야 했다. 만약 그렇게 했다면 주택 가격을 잡는 데 분명히 성공했을 것이며, 그의 운명이 바뀌었을지도 모른다.

05
토지는 사유 불가한
공공의 재산이다

앞서 나는 국가가 부동산에 대한 양도소득세 및 보유세의 과세를 강화해 부동산 가격을 떨어뜨리거나, 적어도 오르는 것을 억제해야 한다고 주장했다. 또한 부동산 임대료 역시 국가가 통제해야 한다고 주장했다. 이러한 부동산정책은 단순히 부동산 가격을 떨어뜨리는 게 목표가 아니다. 부동산 가격을 떨어뜨림으로써 부동산에 묶여 잠자고 있는 돈을 최대한 소비로 끌어내 경제 성장을 견인해야 한다는 게 목표이자 핵심이다. 나는 그래야만 우리가 다 같이 잘 먹고 잘 살 수 있다고 생각한다. 그런데 이러한 부동산정책에 대하여 헌법에서 보장하고 있는 국민의 재산권을 과도하게 침해하는 게 아니냐는 주장이 있을 수 있다. 저자로서 나는 이 문제에 대해 언급하고 넘어가야 할 책임을 느낀다. 과연 그것이 국민의 재산권을 과도하게 침해하는 일일까?

사유재산과 이윤 추구를 근간으로 하는 자본주의 시장경제체제를 도입한 국가에서 개인이 정당한 방법으로 취득한 재산권과 그것을 정당한 방법으로 이용해 이익을 추구할 권리는 보호받아야 마땅하다. 그런데 나는, 우리가 당연한 재산권으로 여기고 있는 것 중에는 개인이 결코 사유私有할 수 없는 대상에 대한 재산권이 있다고 생각한다. 그 대표적인 게 바로 토지에 대한 소유권이다.

주택이든, 건물상업용 부동산이든 그 가격과 임대료는 토지로부터 나온다. 왜 그런지 잠시 생각해보자. 주택과 건물은 '건축물'과 그 아래 딸린 부속 '토지'로 구성된다. 그런데 건축물은 시간이 지날수록 점점 가격가치이 떨어진다. 노후화되기 때문이다. 따라서 시간이 지날수록 건축물의 가격은 0에 수렴한다. 하지만 토지는 그렇지 않다. 왜냐하면 토지는 시간이 지난다고 해서 노후화되지 않기 때문이다. 따라서 새로 지어진 주택이나 건물의 가격이 시간이 지나면서 건축물이 노후화됨에도 불구하고 오른다면, 그것은 토지 가격이 오르기 때문이다. 만약 토지 가격이 변동하지 않거나 떨어진다면 건축물의 노후화 때문에 통상 주택과 건물의 가격은 시간이 지날수록 떨어지기 마련이다. 주택·건물 가격과 토지 가격의 관계를 좀 더 구체적으로 살펴보자.

주택과 건물상업용 부동산은 모두 건축물과 부속 토지로 구성된다. 그런데 건축물은 시간이 지나면 노후화되며 언젠가 수명이 다하면 허

물고 다시 지어야 한다. 따라서 건축물의 가격가치은 신축 당시에 가장 높고 시간이 지날수록 노후화되기 때문에 가격이 점점 떨어지는데, 우리나라에서는 건축물의 수명을 건축 재료, 구조, 용도 등에 따라 통상 20~40년으로 본다. 그래서 기업의 경우에는 보유 건축물의 가격 하락분가치 감소분을 '감가상각비'라는 명목으로 매년 손익계산서 상의 비용으로 회계 처리한다. 이처럼 건축물의 가격이 시간이 지나면서 떨어지기 때문에 주택과 건물의 가격도 시간이 지나면서 떨어져야 정상이다. 그럼에도 불구하고 주택과 건물의 가격에 변동이 없거나 오른다면, 그 이유는 건축물 아래 딸린 부속 토지의 가격이 오르기 때문이다. 쉽게 말해 이미 지어진 주택과 건물의 가격이 오르는 이유는 땅 값이 오르기 때문이다. 예를 들어 아파트 한 채의 가격이 2억 원인데 건축물신축과 부속 토지의 가격이 각각 1억 원이고, 건축물의 가격은 매년 500만 원씩 떨어진다고 가정해보자.

- 아파트 2억 원 = 건축물 1억 원 + 토지 1억 원
- 건축물의 가격이 매년 500만 원씩 떨어진다.

만약 토지 가격이 전혀 오르지 않는다면 아파트 가격은 건축물 가격의 하락분만큼 매년 떨어지게 된다.

① 연간 토지 가격이 0원 상승, 아파트 가격은 매년 떨어진다.

- 현　재: 아파트 2억 원 = 건축물 1억 원 + 토지 1억 원
- 1년 뒤: 아파트 1억 9,500만 원 = 건축물 9,500만 원 + 토지 1억 원
- 2년 뒤: 아파트 1억 9,000만 원 = 건축물 9,000만 원 + 토지 1억 원
- 3년 뒤: 아파트 1억 8,500만 원 = 건축물 8,500만 원 + 토지 1억 원

만약 토지 가격도 시간이 지날수록 떨어진다면 아파트 가격은 더 큰 폭으로 떨어진다. 반면에 토지 가격 상승분이 건축물 가격의 하락분과 동일하다면 아파트 가격은 매년 변동이 없게 된다.

② 연간 토지 가격이 500만 원 상승, 아파트 가격은 변동이 없다.

- 현　재: 아파트 2억 원 = 건축물 1억 원 + 토지 1억 원
- 1년 뒤: 아파트 2억 원 = 건축물 9,500만 원 + 토지 1억 500만 원
- 2년 뒤: 아파트 2억 원 = 건축물 9,000만 원 + 토지 1억 1,000만 원
- 3년 뒤: 아파트 2억 원 = 건축물 8,500만 원 + 토지 1억 1,500만 원

그리고 토지 가격의 상승분이 건축물 가격의 하락분보다 크다면 아파트 가격은 매년 오르게 된다.

③ 연간 토지 가격이 1,000만 원 상승, 아파트 가격은 매년 오른다.

- 현　재: 아파트 2억 원 = 건축물 1억 원 + 토지 1억 원
- 1년 뒤: 아파트 2억 500만 원

  = 건축물 9,500만 원 + 토지 1억 1,000만 원
- 2년 뒤: 아파트 2억 1,000만 원

  = 건축물 9,000만 원 + 토지 1억 2,000만 원
- 3년 뒤: 아파트 2억 1,500만 원

  = 건축물 8,500만 원 + 토지 1억 3,000만 원

이처럼 아파트 주택, 건물 가격의 등락은 결국 토지 가격에 따라 좌우되는 것이다. 다시 말해 주택과 건물의 가격을 결정하는 건 바로 토지 가격이다. 그리고 토지 가격은 교통, 학교, 일자리 기업, 편의 시설 등 토지의 입지가 좌우한다. 입지가 상대적으로 좋은 토지일수록 사람이 몰리고 토지에 대한 수요가 많기 때문에 토지 가격이 비싼 것이다. 만약 서울 어느 동네의 아파트가 강원도 어느 마을의 아파트보다 5배 비싸다면, 그것은 서울의 토지 가격이 강원도의 토지 가격보다 5배쯤 비싸기 때문이다. 아파트를 동일한 건축 자재를 사용해 똑같은 모양으로 짓는다면 서울이나 시골이나 건축물의 가격은 동일하다. 그럼에도 불구하고 아파트 가격에 차이가 있다면, 그것은 토지 가격에서 차이가 나기 때문이다. 그리고 토지 가격에서 차이가 나는 이유는 서울의 토지가 시골의 토지에 비해 교통, 학교, 일자리 특히, 편의 시설 등 입지

조건이 뛰어나기 때문이다. 서울의 토지에 일자리와 각종 인프라가 집중돼 있기 때문에 사람이 몰려 인구가 과밀해지고, 그 결과 토지에 대한 수요가 많아 서울의 토지 가격이 비싼 것이다. 정리하면, 주택과 건물의 가격은 토지의 입지가 좌우한다. 뿐만 아니라 주택과 건물의 임대료 역시 토지의 입지가 좌우한다.

그런데 토지란 무엇인가? 쉽게 말해 땅이다. 땅은 자연이며 자연은 조물주가 세상을 창조할 때 내려준 공공의 재산이다. 그리고 우리에게 토지가 없다면 생산과 소비를 할 수 없으며, 생존할 수도 없다. 따라서 토지는 마치 공기와도 같은 것이다. 즉, 자연이고, 생명의 원천이고, 공공의 재산인 토지는 개인이 함부로 사유할 수 있는 물건이 아니라는 말이다. 그런 자연을, 생명의 원천을, 공공의 재산을 개인이 사유는 게 과연 합당한 일인가? 130여 년 전 미국에서 성경 다음으로 가장 많이 판매된 것으로 알려진 《진보와 빈곤》의 저자 헨리 조지의 사상은 비단 그 시대만의 전유물이 아닐 것이다.

'주택 · 건물 가격과 토지 가격의 관계'에 관한 참고 문헌
• 《나는 3개의 카드로 목돈을 만든다》 다산북스, 고경호 저

공정 분배

06
토지개발이익은
국민 모두의 것이다

       수천 년 전에 역사상 토지를 처음 소유한 사람은 땅 위에 선을 긋고, 울타리를 친 뒤 토지를 점유함으로써 자신의 토지 소유권을 주장했을 것이다. 이는 봉이 김선달이 대동강 물에 대한 소유권을 주장한 것과 무엇이 다른가? 그리고 그 토지 소유권이 지난 수천 년에 걸쳐 사람들 사이에서 강탈되거나, 매매되거나, 상속되면서 지금에 이르렀다. 본래부터 개인이 사유할 수 없는 물건에 대한 소유권의 취득은 원천적으로 무효로 봐야 한다. 그리고 토지 가격의 상승으로 인해 생긴 시세 차익과 임대소득을 토지 소유자가 독식한다면, 그것은 부당이득으로 보는 것이 마땅하다. 그것이 왜 부당이득인지는 쉽게 설명할 수 있다.

토지의 가격과 임대료를 좌우하는 입지는 어떻게 결정되는가? 아니, 토지의 입지는 누구의 돈으로 개발되는가 물어야 올바른 질문인 것 같다. 토지의 입지는 우선 도로가 뚫려야 비로서 입지로서의 가치를 갖게 된다. 그다음 주택과 건물이 지어지고 기업, 학교, 관공서, 공원, 각종 편의 시설 등이 들어서면 주택단지, 업무단지, 산업단지, 상업단지 등이 형성된다. 그런데 도로는 무엇으로 뚫는가? 삽과 포크레인으로 뚫는가? 아니다. 국민이 낸 세금으로 뚫는다. 그 외에 도로와 더불어 토지의 입지 조건에 대단히 큰 영향을 미치는 고속도로, 대교大橋, 버스, 택시, 지하철, 고속철도, 공항, 항만 등 각종 교통인프라에도 국민이 낸 세금이 잔뜩 들어간다. 즉, 토지의 입지는 국민의 세금으로 개발되는 것이다. 공공의 재산을 국민의 세금으로 개발하는데, 그로 인해 생기는 이익을 토지 소유자가 독식하는 게 과연 공정한가? 그 이익을 국민 모두가 함께 공유해야 합당하지 않은가? 공공의 이익을 토지 소유자가 독식한다면, 그것이 바로 부당이득이 아니고 무엇인가?

통계청 발표에 따르면, 2012년 기준 우리나라 전체 사유 토지의 절반 이상55.2%을 전체 인구 중 고작 1%에 불과한 상위 50만 명이 소유하고 있으며, 전체 사유 토지의 97.6%를 상위 10%인 500만 명이 소유하고 있다. 그러니까 그동안 토지 개발에 따른 이익의 절반 이상을 상위 1%가 가져갔고, 나머지 절반을 상위 10%가 가져갔다고 추정해 볼 수 있다. 그리고 앞으로 생기게 될 개발이익 역시 소수의 상위 계층에 집중될 게 분명하다.

2003년 세계은행이 1960~2000년의 40년 동안 전 세계 26개국을 대상으로 토지 분배와 경제 성장의 관계를 분석해서 발표한 보고서 성장과 빈곤 해소를 위한 토지정책에 따르면, 토지가 공정하게 분배된 국가일수록 높은 경제성장률을 달성했으며, 빈곤 문제 해결을 위해서는 저소득층의 토지 소유권 및 사용권을 보장하는 게 무엇보다도 중요하다는 결론을 내렸다. 보고서의 내용이 사실이고, 또 진실이라면 우리나라는 안 그래도 땅 덩어리가 좁은데, 그마저 소수의 상위 계층에 토지가 집중되어 있으니 불공정한 토지 분배가 지금 우리나라 경제의 발목을 잡고 성장률을 끌어 내리고 있는 게 아닐까?

하지만 불공정한 토지 분배 문제를 해결하기 위해 이제 와서 국가가 토지를 몰수해 전체 국민에게 무상으로 재분배하는 건 불가능한 일이며, 바람직한 일도 아니다. 그렇기 때문에 국가는 토지 개발에서 생기는 이익만이라도 소수의 토지 소유자에 집중되는 것을 막고 전체 국민이 공유할 수 있도록 해야 한다. 그런데 토지 개발 이익을 국민 모두가 함께 공유하려면 사유 토지를 공공의 재산으로 환원시켜야 한다. 그러기 위해서는 국가가 토지 소유자로부터 토지를 무상으로 몰수하거나 유상으로 강제 수용을 해야 하는데, 만약 무상으로 몰수한다면 합법적인 방법으로 토지를 취득한 토지 소유자에게는 너무 가혹한 일이 될 것이며, 사회 혼란이 극에 달할 것이다. 게다가 실현 가능성도 없다. 그렇다고 전국의 사유 토지를 국가가 전부 유상으로 강제 수용하는 것도 쉬운 일이 아니다. 이처럼 무상이든, 유상이든 사유 토지를 공공의 재산으로 환원시키는 건 어려운 일이다. 그렇기 때문에 토지 부동산에 대한 소유권은 인정하되 양도소득세와 보유세의 과세를 강화하고 임대료를 통제함으로써 토지를 돈벌이의 수단으로 사용하는 것만큼은 최대한 제한하자는 게 나의 주장인 것이다.

다만 국가가 이와 같이 강력한 부동산 시장 억제 정책을 펴게 되면 부동산 가격이 대폭 떨어져서 한국경제는 한동안 어려움을 피할 수 없을 것이다. 따라서 국가가 정책을 펴기 전에 부동산 가격의 폭락에 따른 사회·경제 문제를 최소화하기 위해 사전에 발생 가능한 사태를 다각도로 예상하여 만반의 대비를 해야 할 것이다. 만반의 대비라는 건 부동산 가격을 다시 제자리로 올려놓는 것을 말하는 게 아니다. 부동산 가격이 폭락한 후 용수철처럼 다시 튀어 오르지 못하도록 억제하되, 부동산 가격의 폭락으로 인해 경제 전반에 미치게 될 파급 효과 충격를 최소화하기 위해 대비해야 한다는 뜻이다. 부동산 가격이 폭락한 후 우리 경제에 어떤 사태가 벌어질지 예상하는 건 어려운 일이 아니다. 왜냐하면 우리는 과거에 이미 수 차례에 걸쳐 크고 작은 경제 위기와 그에 따른 부동산 가격 폭락 사태를 경험했기 때문이다. 뿐만 아니라 부동산 가격의 폭락으로 인해 촉발된 일본의 '잃어버린 20년'의 사례에서도 시나리오를 찾아 볼 수 있다. 국가가 강력한 부동산 시장 억제 정책을 추진하기에 앞서 우리의 과거 경험과 이웃나라의 사례 등을 연구하여 부동산 가격 폭락으로 인해 생기는 사태에 철저하게 대비해야 한다. 그런 준비 없이 부동산 가격을 대폭 떨어뜨리는 정책을 펴게 되면 우리나라도 일본의 잃어버린 20년을 답습할 위험이 있기 때문이다. 그리고 우리 국민 중 어느 누구도 부동산 가격 폭락으로 인해 생기는 혹독한 경제 한파를 피해가기 어려울 것이다. 따라서 우리 모두는 어금니를 꽉 깨물고 옷깃을 추겨 세우는 등 혹독한 한파를 견뎌내기 위한 준비를 단단히 해야 할 것이다. 겨울이 지나고 다시 봄이 올 때까지 말이다.

07
국가와 은행도 고통을 분담해야 한다

　　우리의 과거 경험과 이웃나라 일본의 사례를 거울 삼아 보면 부동산 가격이 대폭 하락할 경우, 깡통주택 소유자와 깡통전세 임차인이 직접적인 고통을 가장 크게 받을 것이다. 깡통주택이란 주택 가격이 부채주택 담보 대출, 전세금 등 아래로 떨어져서 주택을 팔아도 부채를 전부 상환하지 못하는 경우를 말한다. 이를테면 당신이 은행 대출금 1억 원과 당신의 돈 5,000만 원을 합해 1억 5,000만 원을 주고 주택을 구입했는데, 주택 가격이 9,000만 원으로 떨어지면 당신은 주택을 팔아도 은행 대출금 1억 원을 전부 상환하지 못한다. 이런 경우를 빗대 깡통주택이라고 말하는 것인데, 당신은 주택에 계속 거주하면서 10년이든, 20년이든 주택 대출금을 계속 갚아나가야 한다. 아니면 대

　　　　　　　　　　　　　　　　　　　　공정 분배

출금 갚기를 포기하고 은행의 경매 처분을 기다리든지 해야 하는데, 당신이 어떤 선택을 하더라도 무척 괴로울 것이다.

그리고 깡통주택을 전세 임차인의 입장에서 보면 깡통전세가 된다. 깡통전세란 주택 가격이 떨어져서 집 주인_{임대인}이 주택을 팔아도 임차인에게 전세금을 전부 돌려주지 못하는 경우를 말한다. 이를 테면 집 주인이 은행 대출금 1억 원과 당신_{임차인}으로부터 받은 전세금 1억 원을 합해 2억 원을 주고 주택을 구입했는데, 주택 가격이 1억 5,000만 원으로 떨어지면 집 주인은 주택을 팔아도 2억 원_{대출금+전세금}을 전부 갚지 못한다. 집 주인의 입장에서 보면 깡통주택이 된 것이다. 그런데 이런 경우라도 보통 은행은 선순위 채권자의 지위를 갖고 있기 때문에 대출금 1억 원을 전부 회수할 수 있다. 하지만 당신은 전세금 중 절반 이상을 회수하지 못하게 된다. 물론 양심과 책임감을 겸비한 집 주인이라면 다른 재산을 털어서라도 당신에게 전세금을 전부 돌려 주려고 할 것이다. 하지만 보통의 집 주인이거나, 또는 양심만 있고 다른 재산을 가진 게 없는 집 주인이라면 대출금과 전세금의 상환을 포기할 것이다. 그러면 선순위 채권자인 은행은 주택을 경매 처분하여 대출금을 회수하게 되는데, 낙찰 금액 중 은행이 먼저 가져간 후 남는 돈이 당신의 몫이 된다. 물론 남는 돈이 없다면 당신은 전세금을 전부 날리게 된다. 만약 당신이 깡통전세의 임차인이 된다면 머물 곳이라도 있는 깡통주택 소유자보다 더 괴로울 것이다.

만약 나의 주장처럼 국가가 부동산 가격을 대폭 떨어뜨리는 정책을 펼 경우, 깡통주택 소유자와 깡통전세 임차인이 증가할 게 분명하다. 안타깝지만 부동산 가격 폭락으로 인해 고통받는 국민이 증가하는 것을 막을 수는 없다는 말이다. 하지만 그렇다고 해서 깡통주택과 깡통전세로 고통받는 국민을 나 몰라라 할 수도 없는 노릇이다. 물론 자본주의 시장경제체제에서 부동산 가격의 등락에 따른 이득과 손실은 전부 개인의 책임으로 귀속돼야 마땅하다. 다만 그동안 국가가 국민의 등을 떠밀며 빚을 잔뜩 내서 집을 사라고 부추겼기 때문에 국가도 그들의 고통에 대하여 큰 책임이 있다. 따라서 깡통주택 소유자와 깡통전세 임차인의 고통을 일부라도 덜어주기 위한, 국가 차원의 대책이 필요하다. 특히 1주택 가구의 경우, 열심히 땀 흘려 일하고 저축한 것으로도 모자라 은행 대출까지 받아서 겨우 집 한 채를 장만했는데, 주택 가격이 폭락해 깡통주택 소유자가 된다면 얼마나 괴롭겠는가? 또한 깡통전세 임차인이 돼서 전 재산이나 다름 없는 전세금을 잃게 된다면, 그 역시 얼마나 괴롭겠는가? 그 괴로움을 꼭 겪어봐야 알 수 있는 건 아니다. 나는 그들의 고통을 국가와 은행이 분담해야 한다고 생각한다. 그렇다고 대출금을 탕감해 주거나 전세금을 무상으로 보전해 주자는 게 아니다. 다만 깡통주택이나 깡통전세로 인해 그들이 생활 터전을 잃고 거리로 나앉게 되는 상황만큼은 무슨 일이 있어도 막아야 한다.

공정 분배

이를 위해 국가가 주택도시기금을 활용하거나 30~40년 만기의 초장기 국채를 발행하여 특별기금을 조성한 뒤 깡통주택 소유자가 은행 대출금을 대환하는 데 사용할 수 있도록 자금을 대출해주는 것을 생각해 볼 수 있다. 또한 국가가 직접 깡통주택을 매입한 뒤 1주택가구의 깡통주택은 원소유자에게 임대하여 계속 거주할 수 있게 해주고, 다주택자의 깡통주택은 공공 임대주택으로 활용해 저소득 가구에게 저렴한 임대료로 공급하는 방법도 생각해 볼 수 있다. 그리고 임차 보증금에 대해 우선변제권을 갖는 임차인의 범위를 확대하고, 우선 변제받을 수 있는 보증금의 한도를 상향하는 등 주택임대차보호법을 개정하여 은행이 깡통주택을 경매 처분하는 경우, 임차 가구가 보증금을 잃지 않도록 최대한 보호해야 한다. 깡통주택 임차 가구의 보증금에 대한 보호를 강화하면, 그만큼 은행의 손실이 커질 것이다. 하지만 IMF 외환위기 이후 기업대출보다는 가계대출 영업을 더 적극적으로 해오면서 배를 불린 은행은 깡통주택 양산에 기여한 바가 대단히 크다고 할 것이다. 따라서 그에 대한 책임을 은행에 반드시 물어야 한다.

08
부동산 임대료, 어떻게 제한할 것인가

부동산 가격이 대폭 떨어진 뒤 더는 오르지 않는다고 가정해 보자. 이 경우, 국가가 주택과 건물에 대한 임대료월세를 통제한다면 어떤 방법으로 해야 할까? 다주택자와 건물주도 당신과 나처럼 대한민국의 국민이며 세금을 낸다. 그들이 죄를 지은 건 아니기 때문에 쥐잡듯이 무조건 궁지로 몰아 세워서는 안 될 노릇이다. 임대료를 통제하되 합리적인 방법으로 해야 한다.

주택과 건물에 대한 임대료는 공시 가격, 건축물의 감가상각비 및 유지수선비, 기타 보유 비용, 금리, 물가상승률 등을 고려하여 임대료의 상한선을 제한하는 방식을 생각해 볼 수 있다. 아파트를 임대하는 경우를 예로 들어 주택 및 건물에 대한 임대료의 상한선을 결정하는

공정 분배

방법을 생각해 보자. 그 전에 사례를 단순화하기 위해 몇 가지 가정을 하겠다.

| 가정 |

- 아파트 가격 공시 가격 은 2억 원이며, 건축물 신축 과 부속 토지의 가격은 각각 1억 원이다.
- 건축물의 수명은 40년이며, 건축물의 가격 가치 은 매년 250만 원 감가상각비 씩 균등하게 떨어져 40년 뒤에는 0원이 된다.
- 부속 토지의 가격은 변동하지 않으며, 물가의 변동도 없다.
- 은행의 예금 이자율은 연 2%이며 변동하지 않는다.

이 경우, 내가 당신에게 아파트를 월세로 임대한다면 임대료의 상한선은 얼마가 적정할까? 나 임대인 는 우선 건축물의 감가상각비로 매년 250만 원을 지출해야 한다. 감가상각비를 실제로 지출하는 건 아니지만, 그만큼 건축물의 가격에서 빠져나가는 것이므로 지출하는 것과 다름이 없다. 그리고 내가 아파트를 소유하지 않고 아파트 가격 2억 원을 은행에 예금하면 이자 2% 로 매년 400만 원을 받을 수 있는데, 그것을 기회비용으로 지출해야 한다. 따라서 나는 아파트 한 채를 당신에게 임대하면서 매년 650만 원 250만 원+400만 원 이상을 비용으로 지출해야 한다. 바꿔 말하면 나는 당신으로부터 최소 연간 650만 원을 임대료로 받아야 손해를 면할 수 있다는 말이다. 그러므로 내가 당신으로부터 받아야 할 적정 임대료는 다음과 같은 방식으로 산정되어야 하며 만약 국가가 임대료를 통제한다면, 그 상한선 역시 이와 유사한 방식으로 산정할 수 있을 것이다.

연간 임대료 상한선 = 건축물의 감가상각비 250만 원 + 기회비용_아파트 가격에 대한 예금이자 400만 원 + 유지수선비 + 기타 보유 비용 + 임대 마진

❖ 나는 건축물의 감가상각비에 해당하는 임대료 250만 원은 한 푼도 쓰지 않고 40년 동안 차곡차곡 모아두어야 한다. 왜냐하면 40년 뒤에도 임대사업을 계속하려면 건축물을 새로 지을 돈이 필요하기 때문이다. 감가상각비 250만 원 × 40년 = 건축비 1억 원 따라서 당신으로부터 받은 임대료 중 250만 원은 사실상 임대소득이 아니다.

아파트의 공시가격이 시장가격과 큰 차이가 없다면 건축물의 감가상각비, 기회비용 예금이자, 유지수선비 등을 위와 같이 정형화된 방식으로 산정하는 건 그리 어려운 일이 아니다. 정부는 이미 공공 임대주택에 대한 표준임대료를 이와 유사한 방식으로 산정하고 있다. 따라서

임대마진을 최대 얼마나 인정해 줄 것인가 하는 점이 바로 임대료 상한선의 최종 결정 요인이 될 것인데, 물가상승률, 금리 등을 고려해 적정 임대 마진을 산정하면 될 것이다. 물론 실제 임대료는 지금처럼 임대 시장의 수요와 공급에 따라 임대인과 임차인 사이에서 자유롭게 결정될 것이다. 다만 국가가 임대료의 상한선을 제한함으로써 소수의 임대인이 절대다수의 국민이 낸 세금으로 개발된 토지의 입지를 이용해 과다한 이익을 가져가지 못하도록 제한하자는 것이다. 이는 공공의 이익을 추구하는 것이므로 시장의 가격 결정 기능을 왜곡한다거나 임대인의 재산권을 과도하게 침해한다고 볼 수 없다. 그리고 단언컨대 투자 금액 대비 임대수익률이 은행의 예금 이자율보다 0.1%p만 높아도 임대사업자는 불로소득이나 다름 없는 임대사업을 쉽게 포기하지 않을 것이다. 따라서 부동산 임대 시장에 공급의 씨가 마를 것이라는 등의 걱정은 하지 않아도 된다. 그리고 아파트주택 외에 건물상업용 부동산의 경우에도 이와 유사한 방식으로 임대료의 상한선을 결정할 수 있을 것이다.

지금까지 만약 국가가 임대료를 통제하기 위해 임대료의 상한선을 정한다면 어떤 방식으로 산정해야 할지, 내가 당신에게 아파트를 월세로 임대하는 경우를 예로 들어 설명했다. 그런데 만약 내가 당신에게 아파트를 월세가 아닌 전세로 임대한다면 전세금의 상한선은 얼마가 적정할까? 이번에는 앞의 사례에서 전세금의 상한선이 얼마가 적정한지 잠깐 생각해 보자.

전세의 경우, 임대인이 전세금을 은행에 예금해서 받게 되는 이자를 임대료로 보면 되는데, 은행에서 이자 연 2% 로 연간 650만 원 임대인이 손해를 면하기 위한 최소 임대료 을 받으려면 3억 2,500만 원을 예금해야한다. 따라서 내가 당신으로부터 받아야 할 적정 전세금은 최소 3억 2,500만 원이며, 이것이 전세금 상한선의 기준이 돼야 할 것이다. 하지만 이 경우, 아파트 가격보다 전세금이 훨씬 더 비싸다. 하지만 그렇더라도 내가 아파트 가격의 상승 자본이득 을 기대할 수 없다면, 나는 당신에게 임대료의 원가를 따져서 최소한 그 이상의 전세금을 요구하게 될 것이다. 그러면 당신은 아파트 가격보다 훨씬 비싼 전세금을 지불해야 하는 문제가 생긴다. 만에 하나 내가 연락을 끊고 야반도주라도 한다면 당신은 내 소유의 아파트를 팔아도 전세금을 전부 회수하지 못하기 때문에 그런 전세계약을 하려고 하지 않을 것이다. 그러면 당신이 선택할 수 있는 임대 방식은 월세뿐이다.

만약 나의 주장대로 국가가 부동산 가격을 대폭 떨어뜨리는 정책을 펴 주택 가격이 폭락하고, 국민들 사이에서 주택 가격은 더 이상 오를 일이 없다는 인식이 보편화된다면, 지금처럼 주택 가격의 일부만을 전세금으로 주고받는 전세임대 제도는 아마 사라질 것이다. 왜냐하면 주택 가격이 오르지 않을 경우, 그런 방식의 전세 임대는 임대인이 무조건 손해를 보는 임대 방식이기 때문이다. 전세를 끼고서라도 주택을 꼭 구입해야 할 만한 특별한 사정이 있는 게 아니라면, 누가 손해 볼 것을 뻔히 알면서 전세로 임대를 하겠는가? 따라서 지금의 전세제도는 사라질 가능성이 크다. 그리고 주택 소유에 따른 감가상각비, 기회 비용, 유지수선비 등을 고려해 원가 방식으로 임대료가 산정되는 월세제도가 보편화될 것이며, 임차 가구는 월세에 더해 2~4년마다 이사비, 부동산 중개수수료 등 부대 비용을 지출해야 한다. 그러면 월세로 거주하는 것보다 주택을 구입하는 게 오히려 거주 비용이 적게 드는 현상이 발생할 것이다. 따라서 은행에서 부족한 돈을 대출받아서라도 내 집 마련을 하려는 무주택 가구가 증가할 것이다. 그렇기 때문에 국가가 부동산 가격을 대폭 떨어뜨리는 정책을 펴더라도 부동산 시장의 침체가 영구적이지는 않을 것이다. 그리고 시간이 지나 주택의 공급과 수요가 균형 상태에 도달하면 적정 주택 가격을 형성할 것이며 부동산 시장은 안정될 것이다.

'부동산 임대료, 어떻게 제한할 것인가'에 관한 참고 문헌
• 《나는 3개의 카드로 목돈을 만든다》 다산북스, 고경호 저

09
빈곤층 가구,
언제까지 쪽방에
가둘 것인가

　　국가가 부동산 가격을 대폭 떨어뜨리는 정책을 펴고, 그 결과 주택 가격이 폭락하더라도 평균적인 소득을 버는 가구가 1~2년 정도 저축하면 내 집 마련을 할 수 있을 만큼 저렴한 수준으로 주택 가격이 떨어질 가능성은 없다. 왜냐하면 설령 토지 가격이 0원이 되더라도 건축비를 대폭 떨어뜨리는 건 어렵기 때문이다.

　　2015년 9월 기준 국토교통부가 고시한 기본형 건축비는 분양면적 3.3m² 1평당 562만 원이다. 기본형 건축비란 분양가 상한제가 적용되는 아파트의 분양 가격 산정에 활용되는 건축비를 말한다. 3.3m²당 562만 원은 분양면적112m²(전용면적85m²)기준 기본형 건축비다. 국토부가 발표하는 기본형 건축비에 거품이 잔뜩 껴서 건설사에 특혜를 주고 있다는 비판이 있지만, 어쨌든 그것이 자재비와 인건비 그리고 건설사의 최소 마진 등을 반영한 최소 건축비라고 가정해보자. 그러면 전용면적 85m² 25.7평인 국민주택 규모 아파트 신축를 구입하려면 건축비로만 1억 9,000만 원 이상을 지불해야 하며, 전용면적 59m² 18평인 소형 아파트 신축를 구입하려고 해도 건축비로만 1억 3,000만 원 이상을 지불해야 한다. 동일 지역 내에서 아파트보다 상대적으로 저렴한 다세대주택이나 도시형 생활주택 등을 구입하려고 해도 단위 면적당 건축비는 아파트와 크게 차이 나지 않는다. 따라서 주택 가격이 아무리 많이 떨어져도 설령 토지 가격이 0원이 되더라도 신축 주택을 건축비보다 낮은 가격으로 구입하기는 어렵다. 신축 주택이 아니라 중고 주택을 구입하더라도 마찬가지다. 강원도 두메산골이라면 모를까 일자리와 각종 인프라가 몰려 있는 수도권 및 지방 대도시에서는 건축물의 가격을 매년 감가상각하더라도 기본적으로 토지 가격이 비싸기 때문에 중고 주택의 가격도 건축비보다는 높은 수준에서 유지될 가능성이 크다. 정리하면, 국가가 부동산 가격을 대폭 떨어뜨리는 정책을 펴더라도 주택 가격이 건축비 아래로 떨어지기는 어렵기 때문에 여전히 억 단위에서 거래가 이뤄질 것이다. 게다가 물가와 인건비의 상승에 따라 건축비는 해마다 오를 가능성이 크다. 따라서 주택 가격이 대폭 떨어지더라도 중산층 이상 가구의 주택 구입 여력은 증가하겠지만 건축비의 한계 때문에 빈곤층 가구의 주택 구입 여력은 전혀 나아지지 않을 것이다. 빈곤층 가구의 입장에서 보면 주택 가격이 10억 원이든, 1억 원이든 그림의 떡이기는 둘 다 마찬가지일 테니 말이다. 따라서 국가는 부동산 가격을 대폭 떨어뜨리는 정책과 더불어 빈곤층 가구에게 저렴하게 장기간 임대하는 장기 공공 임대주택의 공급을 획기적으로 확대하여 빈곤층 가구를 위한 주거복지 정책을 강화해야 한다.

현재 우리나라의 전체 가구 수는 약 1,734만 가구1인 가구 포함, 2010년, 통계청이고, 그중 중위 소득의 50% 미만을 버는 빈곤층 가구의 비율은 18.2%1인 가구 포함, 2014년, 처분가능소득 기준, 한국보건사회연구원이다. 그러니까 우리나라의 빈곤층 가구 수는 어림잡아 계산해도 최소 300만 가구가 훨씬 넘는다. 하지만 빈곤층 가구를 위한 장기 공공 임대주택영구 임대, 50년 공공 임대, 국민 임대, 전세 임대 등의 재고는 약 107만 채2014년, 통계청에 불과하다. 이처럼 빈곤층 가구를 위한 장기 공공 임대주택의 공급이 수요에 비해 턱없이 부족하기 때문에 그들이 다가구주택의 지하층과 옥탑방, 쪽방, 고시원 등을 벗어나기 어려운 것이며, 이는 주택 가격이 대폭 떨어지더라도 해결될 문제가 아니다. 따라서 국가는 부동산 가격을 대폭 떨어뜨리는 정책과 더불어 장기 공공 임대주택 공급을 최대한 확대하여 빈곤층 가구가 지하층과 쪽방에서 벗어나, 보다 인간다운 거주환경에서 지낼 수 있도록 배려해야 한다.

빈곤층 가구를 위한 장기 공공 임대주택 공급을 확대하기 위해 꼭 새로 주택을 지을 필요는 없다. 우리나라는 이미 주택보급률이 100%

가 넘기 때문에 자원 절약 차원에서라도 이미 지어진 주택을 최대한 활용할 필요가 있다. 국가가 부동산 가격을 대폭 떨어뜨리는 정책을 펼 경우, 다주택자의 매물이 시장에 쏟아질 게 분명하다. 이후 주택 가격이 바닥권을 형성하는 시기에 국가가 다주택자가 쏟아낸 매물을 대량으로 사들여 장기 공공 임대주택으로 활용하는 방안을 고려해야 한다. 다만 지역별로 주택보급률이 100%에 미달하는 곳에서는 장기 공공 임대주택의 매입과 함께 신축 공급을 병행해야 할 것이다.

10
필요하다면
토지의 국유화도
고려해야 한다

전 세계적으로 국민의 주택^{주거} 문제를 가장 효과적으로 해결한 국가로 평가받는 곳은 싱가포르다. 지난 수십 년 동안 싱가포르 정부가 일관되고 효율적인 주택 공급 정책을 편 결과, 싱가포르의 주택보급률은 1990년에 이미 100%를 넘어 섰고, 현재 싱가포르 가구의 자가주택보유율은 90%에 달한다. 즉, 10가구 중 9가구가 자기 집을 소유하고 있는 것이다.

싱가포르는 국토 면적이 697km²로 우리나라 서울 면적_{605km²}의 1.15배에 불과한 도시국가이며, 세계에서 두 번째로 인구밀도가 높은 국가다. 비좁은 땅 덩어리 위에서 많은 사람이 어깨를 부딪히며 살다 보니 싱가포르 정부가 국민의 주거 문제를 해결하는 게 쉬운 일은 아

공정 분배

니었을 것이다. 싱가포르에서 90% 이상의 가구가 내 집 마련을 할 수 있었던 이유는, 주택 문제를 개인적 문제가 아닌 사회적 문제로 인식하고 각종 주택 마련 지원제도를 만들어 추진해 온 싱가포르 정부의 주택정책 때문이다. 그리고 모든 국민에게 안정된 주거 생활을 제공하기 위한 '공공주택의 자가소유 정책'이 싱가포르 주택정책의 핵심이다.

싱가포르는 1891년 영국의 무역거점으로 설립되었고, 1942~1945년에는 일본이 점령하였다. 그 후 다시 영국 식민지 하에 있다가 자치정부로서 독립했다. 그리고 1963년부터 1965년까지 말레이시아 연합에 속해 있다가 1965년에 완전히 독립했다. 싱가포르에서는 식민 통치 이후 이민자의 대거 유입으로 인한 주택난의 해결, 슬럼화된 주거환경 개선, 빈곤 문제 극복, 경제·사회 안정, 국가 형성 기반 마련 등을 위해 자가주택소유정책Home Ownership for the People을 추진하였다. 이를 위해 싱가포르 정부는 공공주택을 직접 건설하여 공급했는데, 그 정책의 중심에 공공주택의 계획·건설·공급을 담당하는 주택개발청HDB, Housing Development Board이 있으며, 주택개발청이 짓는 공공주택을 'HDB아파트'라고 부른다. 싱가포르 정부는 1966년 토지수용법Land Acquisition Act을 제정한 이후 국토의 80% 이상을 국유화하는 데 성공했기 때문에 국유지를 활용해 저렴한 택지를 공급할 수 있었다. 그래서 싱가포르의 주택 시장은 공공주택이 전체 주택 공급의 85%

정도를 차지하고 있으며, 민간주택의 시장 점유율은 15% 정도에 불과하다. 특히 싱가포르의 공공주택은 완전한 소유권을 주는 게 아니라 건축물에 대한 소유권만 인정하고 부속 토지는 99년 동안 임대하는 방식으로 공급하고 있기 때문에 시장 가격의 절반 수준에서 분양되고 있다. 그리고 싱가포르 정부는 국민이 중앙연금기금Central Provident Fund 을 통해 장기 저리로 주택 구입 자금을 이용할 수 있도록 지원하고 있다. 중앙연금기금은 싱가포르 국민의 노후 대비를 위해 1968년에 설립됐다. 초기에는 근로자의 은퇴 후 안정적인 삶을 지원하기 위해 우리나라의 국민연금과 유사한 목적으로 시작됐으나, 이후 자가주택 구입 지원, 의료, 교육 등으로 사용처가 확대됐다.

싱가포르 정부는 공공주택이 저가로 공급되는 만큼 부당이득을 방지하기 위해 여러 가지 보완 대책도 마련했다. 우선 모든 국민이 평생에 2번만 HDB아파트를 분양받을 수 있도록 제한하고 있다. 그리고 분양 주택에 5년 이상 의무적으로 거주하게 함으로써 실수요자에게만 주택이 공급되도록 하고 있으며, 의무 거주 기간 이전에 매각할 경우에는 최초 분양 가격으로 주택개발청에 환매하도록 하고 있다. 또한 두 번째로 분양받은 주택에서는 5년 이상 거주한 경우에도 주택개발청이 정한 가격으로 주택개발청에 환매하는 것을 의무화하고 있다. 이처럼 싱가포르는 토지를 국유화하여 정부가 직접 공공주택을 저렴하게 공급해왔으며, 공적 기금을 통해 국민이 장기 저리로 주택 구입 자

공정 분배

금을 이용할 수 있게 함으로써 내 집 마련의 기회를 모든 국민에게 공정하게 제공한 것이다. 그 결과 1970년 29%에 불과했던 자가주택보유율이 20년 만인 1990년에는 88%로 상승했고 같은 기간 동안 주택 재고량은 2배 이상 증가했다.

싱가포르의 주택정책은 정부가 뚜렷한 정책 목표를 갖고 일관성 있는 정책을 추진함으로써 국민의 주택 문제를 효과적으로 해결한, 보기 드문 사례다. 물론 싱가포르라고 해서 주택 문제가 전혀 없는 건 아니다. 그동안 부동산 투기로 인해 민간주택의 가격이 천정부지로 뛰어 올랐고, 그에 맞춰 싱가포르 정부도 공공주택의 분양 가격을 인상해 왔기 때문에 과거에 비해 현재는 국민의 내 집 마련 부담이 커졌다. 다만 무엇보다 중요한 사실은 싱가포르 정부가 공공의 재산인 토지를 국유화함으로써 부동산이 돈벌이에 이용되는 것을 최대한 저지해 왔으며, 적어도 주택 문제만큼은 모든 국민에게 공정한 기회를 제공해 왔다는 사실이다. 나는 싱가포르의 주택정책에 대해 알게 된 후 다음과 같은 생각을 하지 않을 수 없었다.

"우리나라도 토지를 국유화할 수 있을까?"
"그것이 과연 절대로 불가능한 일일까?"

나는 우리나라의 토지 국유화가 쉬운 일은 분명히 아니겠지만 불가능한 일도 아니라고 생각한다. 우리나라에서도 전국의 토지를 유상으로 강제 수용한 전례가 있다. 일제로부터 해방된 후 이승만 정부는 지주 계층의 격렬한 반대를 무릅쓰고 농지 개혁법을 제정해 농지를 유상으로 헐값에 강제 수용한 뒤 농민에게 유상으로 분배했다. 그 결과 1945년 말 총 경지 면적의 35%에 불과했던 자작 농지의 비중은 농지 개혁을 실시한 직후인 1951년 말에는 무려 96%로 급증했다. 당시 남한 인구의 70%가 농민이었고, 그중 80%가 소작농민이었는데, 국민의 절대다수를 차지했던 소작농민이 하루 아침에 자작농민으로 신분이 바뀐 것이다. 국가는 농지를 유상으로 강제 수용하면서 평년 농지 생산량의 150%를 액면으로 하는 지가증권 채권증서을 지주에게 교부하고 5년간 균분하여 보상하는 방식을 취했다. 그리고 농지를 유상으로 분배받은 농민 역시 농지 생산량의 150%를 5년에 걸쳐 현물로 균분 상환하도록 하였다. 그러니까 국가가 농민으로부터 농지 대금을 받아 지주 지가증권 소유자에게 지급하는 방식이었다. 농지 개혁 외에도 우리나라는 1981년부터 30여 년 동안 택지개발촉진법에 근거해 국가가 대규모 택지를 유상으로 강제 수용해 왔다. 결론적으로 말해 우리나라는 이미 토지 국유화의 경험이 충분히 있기 때문에 마음만 먹으면 지금이라도 토지 국유화를 추진할 수 있다는 말이다.

물론 국가가 실제로 토지 국유화를 추진한다면 정치권과 국민이 찬성과 반대의 양측으로 나뉘어 대립하는 등 사회적 혼란을 피할 수 없

공정 분배

을 것이다. 하지만 그럼에도 불구하고 국가와 국민의 무궁한 발전을 위해 필요하다면 추진할 수 있고, 또 추진해야 하는 게 국가의 책무가 아닌가? 다만 지금 당장 전국의 토지를 유상으로 수용하는 건 막대한 재원이 필요하기 때문에 현실적으로 어려운 일이다. 따라서 인구가 과밀하고 주택난이 심각한 서울 및 수도권 지역부터 시작해 지방 대도시 등으로 토지 국유화 지역을 점차 확대해 나가는 방식으로 단계적인 추진을 해야 할 것이다. 그리고 토지 소유자에게는 보상금을 일시에 지급하는 것이 아니라, 영구채권을 교부해 무기한 이자를 지급하는 방식으로 보상하고, 그 이자는 국가가 주택 및 건물의 사용자로부터 토지 사용료 임대료를 받아 충당하도록 하며, 영구채권을 거래소에 상장해 시장에서 자유롭게 거래되도록 한다면 토지 국유화에 따른 국가의 재정 부담을 크게 줄일 수 있을 것이다.

싱가포르 주택정책에 관한 참고 문헌

- 모든 가정에 자기 집을 주 싱가포르 대한민국 대사관 홈페이지
- 싱가포르 주택정책 및 도시계획의 특징 경기도시공사 도시정책연구소
- 싱가포르 주택정책의 전개와 중앙연금기금의 역할

  주택금융월보 2014.04, 박미선
- 싱가포르 주택정책과 자가 소유 지원정책의 시사점

  국토정책브리프 2013.12, 강미나·박미선
- 싱가포르의 주택공급제도와 시사점

  주택도시연구원, 2005.08, 김종림·진미윤·이현정

농지 개혁 및 택지 국유화에 관한 참고 문헌

- 한국 농지 개혁의 주요 내용과 의의 희년함께, 전강수
- 택지 국유화의 경제적 가능성에 대한 고찰 민주노동연구소, 강남훈

11
토지공개념법의 부활,
토지 국유화의 대안이 될 수 있다

이승만 대통령의 농지 개혁 이래로 역대 대통령 중 가장 급진적인 부동산정책을 편 이는 노태우 대통령이다. 노태우 대통령은 지주 계층과 대기업 그리고 당시 여당이었던 민정당새누리당의 전신의 격렬한 반발에도 불구하고 부동산정책에 토지공개념법을 도입했다. 토지공개념이란 개인 및 기업의 토지소유를 제한하고, 토지 개발에서 생기는 이익을 지주 계층이 독식하지 못하도록 함으로써, 토지로부터 나오는 이익을 국민 모두가 함께 공유해야 한다는 의미를 담고 있다.

우리나라 경제가 단군 이래 최대의 호황을 누렸다고 평가 받는 1980년대 후반을 지나면서 전국적으로 부동산 투기 광풍이 불었고, 그로 인해 토지 가격과 주택 가격이 치솟았다. 그러자 1987년 13대 대선을 앞두고 당시 노태우 대통령 후보자는, 자신이 대통령이 되면 부동산 투기를 잠재우기 위해 토지공개념법을 도입하겠다고 발표하기에 이른다. 이후 대통령에 당선된 노태우 정부는 토지공개념에 대한 연구에 착수했고, 그 결과물로 1989년 12월 '토지공개념 3법'이라고 불리는 택지소유상한제, 개발이익환수제, 토지초과이득세제 등을 도입했다.

| 토지공개념 3법 |

- **택지 소유 상한에 관한 법률 제1조**

  택지를 소유할 수 있는 면적의 한계를 정하여 국민이 택지를 고르게 소유하도록 유도하고 택지의 공급을 촉진함으로써 국민의 주거 생활의 안정을 도모함을 목적으로 한다.

- **개발이익 환수에 관한 법률 제1조**

  토지로부터 발생되는 개발이익을 환수하여 이를 적정하게 배분함으로써 토지에 대한 투기를 방지하고 토지의 효율적인 이용을 촉진하여 국민경제의 건전한 발전에 이바지함을 목적으로 한다.

- **토지초과이득세법 제1조**

  각종 개발사업 기타 사회경제적 요인으로 유휴 토지 등의 지가가 상승함으로 인하여 그 소유자가 얻는 토지초과이득을 조세로 환수함으로써 조세 부담의 형평과 지가의 안정 및 토지의 효율적

이용을 기하고 나아가 국민경제의 건전한 발전에 이바지함을 목적으로 한다.

택지소유상한제는 개인가구이 서울 및 광역시 내의 택지 661.16m² 200평를 초과하여 취득하는 경우에 세금을 부과하도록 하였다. 그리고 기업법인은 원칙적으로 택지를 소유할 수 없도록 하되, 택지를 조금이라도 취득하는 경우에는 허가를 받거나 신고하도록 하였으며, 이후 5년 이내에 이용 및 개발을 하거나 처분하지 않으면 세금을 부과하도록 하였다. 개발이익환수제는 택지 개발, 공단 조성, 관광단지 조성 등 토지 개발사업에서 생기는 이익에 대하여 세금을 부과하도록 하였다. 토지초과이득세제는 유휴 토지 등의 소유자에게 3년마다 토지 가격 상승분에 대하여 세금을 부과하도록 하였다. 토지공개념 3법이 도입된 이후에도 노태우 정부는 대기업이 보유한 비업무용 토지를 강제로 매각하도록 하는 등 여러 차례 파격적인 부동산 시장 억제 대책을 내놓았다. 그 결과 부동산 투기가 한풀 꺾였고 1992년부터 토지 가격이 하락하는 등 성과가 나타나기 시작했다. 당시 경기가 침체 국면이었던 점도 토지 가격 하락에 영향을 주었을 것이다.

그런데 노태우 정부가 토지공개념법을 도입하는 과정이 순조로웠던 건 아니다. 왜냐하면 지주 계층과 대기업 등의 반발이 거셌기 때문이다. 집권 여당인 민정당조차도 토지공개념법 도입에 반대하고 나섰다. 하지만 1989년 5월 국토개발연구원現 국토연구원이 우리나라 상위 5% 인구가 전체 사유 토지의 65.2%를 소유하고 있다고 발표하자 많은 국민이 공분했고, 토지공개념법은 여론의 압도적인 지지를 받을 수 있었다. 그래서 민정당도 여론을 이기지 못하고 결국 정부의 토지공개념 입법안을 수용하게 되었다. 이후 우여곡절 끝에 결국 1989년 12월 30일 토지공개념 3법이 국회를 통과할 수 있었다. 이로써 전국에서 활개치던 부동산 투기 붐이 한 풀 꺾이는 계기가 마련되었다.

하지만 토지공개념 3법의 수명은 그리 길지 않았다. 우선 토지공개념 3법이 도입된 지 5년 만인 1994년에 토지초과이득세제가 헌법재판소로부터 헌법 불합치 판결을 받았다. 공시지가를 감정평가사 등 공인 전문가가 아닌 행정 공무원이 평가하도록 하였고, 양도소득세에서 토지초과이득세 납부 세액을 공제해주지 않아 이중과세가 된다는 점 등이 헌법 불합치 판결의 주된 이유였다. 그리고 1998년 토지초과이득세제는 결국 무덤 속으로 사라졌다. 토지초과이득세제 폐지와 함께 택지소유상한제 역시 1998년에 폐지되었고, 1999년에는 위헌 판결까지 받았다. 택지소유 상한이 661.16m² 200평으로 지나치게 낮고, 택지 소유의 목적 등에 대한 고려 없이 획일적으로 상한을 정하는 등 헌법에서 보장하는 재산권을 과도하게 침해한다는 게 위헌 판결의 주된 이유였다. 그러니까 헌법재판소는 토지초과이득세와 택지소유상한제가 법 자체에는 문제가 없지만, 그 내용에 일부 하자가 있다고 본 것이다. 하지만 정부와 국회는 헌법재판소가 지적한 하자를 보완하기보다는 폐지하는 쪽으로 결론을 내렸다. 당시 IMF 외환위기를 극복하는 과정에서 부동산 경기를 부양하려는 정부의 정책에 반하는 법이었기 때문에 굳이 법을 살려둘 필요가 없다고 생각했을 것이다. 그나마 개발이익환수제는 합헌 판결을 받았지만 IMF 외환위기를 거치면서 누더기 법이 되어버렸다. 그마저 2004년부터는 아예 유명무실한 법이 되었다가 노무현 정부 때인 2006년에 기사회생하였다.

토지공개념법은 토지를 국유화하지 않으면서도 일정 부분 국유화의 효과를 거둘 수 있는 법이었다. 그리고 토지공개념법이 부동산 가격을 안정시키는 데 효과가 있다는 사실은 이미 입증됐다. 결론적으로 말해 토지공개념법은 토지 국유화로 인한 사회 혼란을 최소화하면서도 국유화한 것처럼 부동산 가격을 안정시킬 수 있는 법이라는 말이다. 하지만 부동산으로 내수 경기를 떠받쳐 국민 유권자 에게 거짓된 희망을 보여주려는 정치인 정치인과 고위 관료 중에 부동산 부자가 많기 때문에 부동산 가격이 떨어지기를 절대로 바라지 않을 것이다. 과 지주 계층 그리고 대기업의 이해가 일치하면서 토지공개념법은 일찌감치 역사 속으로 사라졌다. 만약 토지공개념법이 아직까지 살아서 왕성하게 힘을 발휘하고 있다면 지금 우리나라의 부동산 시장은 어떤 모습일까? 그리고 국가가 처음보다 더욱 강력한 토지공개념법을 추진해왔다면 지금 우리는 어떤 모습으로 살고 있을까? 혹시 부동산 경기가 죽어서 경제가 지금보다 더 엉망이 됐을까? 이 질문에 대한 답변을 끝으로 부동산에 대한 이야기를 마무리해야겠다.

만약 토지공개념법이 아직까지 살아 있을 뿐만 아니라, 국가가 처음보다 더욱 강력한 토지공개념법을 추진해 왔다면, 주택 가격이 지금처럼 수습이 곤란할 만큼 오르지 않았을 것이다. 따라서 비싼 주택 가격으로 인해 지금 우리 사회가 겪고 있는 다양한 주거 문제, 이를테면 하우스푸어, 렌트푸어, 전세 난민, 월세 난민 등 각종 사회 문제가 상당 부분 완화됐을 것이다. 뿐만 아니라 부동산 시장에 묶인 채 잠자고 있는 비생산적인 유휴자산이 줄고, 그만큼 생산 및 소비 활동에 사용되는 돈이 많아졌을 것이다. 그러면 한국경제가 적어도 지금보다는 활기차게 돌아가고 있을 게 분명하다.

공정 분배

justice
distribution

제3장

———

국가가
아이를
양육하라

j·u·s·t·i·c·e
d·i·s·t·r·i·b·u·t·i·o·n

01
한국경제,
저출산의 저주는 이미 시작됐다

통계청 발표에 따르면, 우리나라의 합계출산율은 1.2명₂₀₁₄년이다. 합계출산율이란 한 여성이 평생 동안 평균 몇 명의 자녀를 낳는가를 나타내는 지표다. 한 국가에서 남성 대 여성의 성비가 1:1로 동일하다고 가정할 경우, 합계출산율이 최소 2.0명이 되어야 인구 감소를 막을 수 있다. 그런데 우리나라의 경우, 남성 대 여성의 성비가 106:100 이기 때문에 합계출산율이 최소 2.3명 이상 되어야 인구 감소를 막을 수 있다. '2015 균형인구 산정과 정책적 합의 보고서', 국회 입법조사처 하지만 지금 우리나라의 합계출산율은 1.2명에 불과하다.

출처: 통계청

따라서 이대로라면 누구의 말처럼 중국 동포를 대거 받아들이지 않는 한, 인구가 감소하는 것을 막을 방법이 없다. 2014년 국회 입법조사처에서 분석한 자료에 따르면, 현재의 합계출산율이 지속될 경우 이민 등 인구 유입이 없다고 가정, 우리나라 인구는 100년쯤 뒤에는 1,000만 명, 2172년에는 500만 명, 2256년에는 100만 명, 2379년에는 10만 명으로 각각 줄어들 것이며, 2750년에는 인구가 아예 사라질 것으로 예측된다. 즉, 지금으로부터 240년쯤 뒤에는 대한민국 인구가 멸종

공정 분배

된다는 얘기인데, 이는 정말 심각한 문제가 아닐 수 없다. 그런데 사실 인구 감소 그 자체는 큰 문제가 아닐 수도 있다. 인구가 감소하더라도 대한민국 인구가 멸종하는 그날까지 모든 국민이 다 같이 잘 먹고 잘 산다면 무엇이 그리 걱정이겠는가? 하지만 그렇지 않기 때문에 문제 인 것이다.

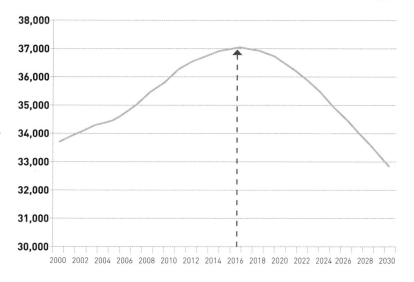

생산가능인구 변동 추계: 15~64세

단위: 천 명

출처: 통계청

통계청 발표에 따르면, 우리나라의 생산가능인구15~64세는 2016년에 정점을 찍은 뒤 2017년부터 점차 감소하기 시작한다. 경제 활동의 주축인 핵심생산가능인구25~49세는 10년 전인 2008년에 이미 정점을 찍은 뒤 계속 감소하는 중이다. 저출산으로 인해 왕성하게 생산 활동과 소비 활동을 하는 젊은 인구가 점점 줄어들고 있는 것이다.

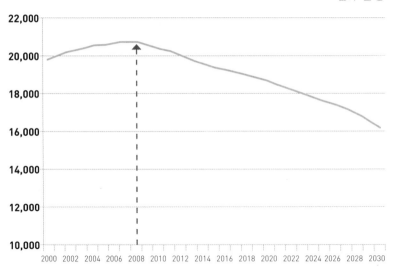

핵심생산가능인구 변동 추계: 25~49세

단위: 천 명

출처: 통계청

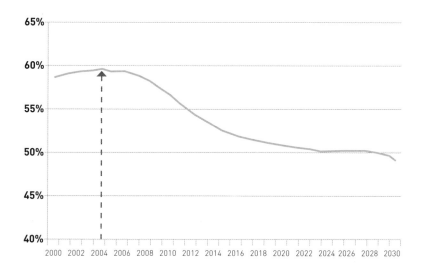

출처: 통계청

생산과 소비는 경제를 떠받치는 양대 기둥인데 젊은 인구가 줄어들면 두 기둥이 모두 흔들리기 때문에 경제가 불안정해질 수 밖에 없다. 그중에서도 특히 소비가 문제다. 소비수요가 있어야 생산공급이 있고 소득분배도 생긴다. 그리고 소득은 다시 소비로 이어진다. 즉, 소비가 자본주의 시장경제체제의 출발점이자 종착점인 것이다. 소비 활동의 주체는 젊은 세대다. 따라서 젊은 인구가 감소하면 소비가 사라진다.

한편 OECD 발표에 따르면, 우리나라의 노인상대적빈곤율은 49.6%2015년, OECD 회원국 중 노인빈곤율 1위로 노인 인구 2명 중 1명이

빈곤층으로 분류된다. 즉, 우리나라 노인 세대는 소비하고 싶어도 소비할 돈<small>소득</small>이 없다는 말이다. 또한 노인 세대는 돈<small>소득 및 자산</small>이 있더라도 죽기 전에 가진 돈이 바닥날까봐 불안해서 소비하지 않는다.

소비가 사라지면 생산이 있을 수 없다. 누가 팔리지 않을 물건을 생산하려고 하겠는가? 그리고 생산이 없으면 소득도 없다. 생산한 것이 없는데 분배할 소득이 어디서 생기겠는가? 그리고 소득이 없으면 소비도 할 수 없다. 이렇듯 저출산으로 인해 젊은 인구가 감소하면 '소비 → 생산 → 분배 → 소비'로 이어지는 경제 구조에 악순환이 생기기 때문에 만성적인 경기 침체를 피하기 어렵다. 또한 젊은 인구에 비해 노인 인구의 비중이 커지기 때문에 국가가 노인 세대를 부양하기 어려워진다.

국가는 젊은 세대가 내는 세금과 사회보험료로 노인 세대를 부양해야 하는데, 젊은 인구가 감소하면 그들이 내는 세금과 사회보험료가 줄어든다. 반면에 부양해야 할 노인의 비중은 커진다. 즉, 국가가 노인 세대를 부양하는 데 사용할 돈은 줄어드는 반면에, 먹여 살려야 하는 노인의 수는 상대적으로 늘어나는 것이다. 그러면 국가는 젊은 세대로부터 지금보다 더 많은 세금과 사회보험료를 걷어야 한다. 따라서 젊은 세대의 가처분소득이 줄어 소비가 위축될 수 밖에 없다. 뿐만 아니라 노인 세대를 부양하기 위해 국가 부채도 늘려야 한다. 국가 부채가 증가하더라도 젊은 인구가 증가하면 국민 개개인의 조세 부담은 크게 증가하지 않는다. 부채 부담이 머릿수만큼 분산되기 때문이다. 하지만 젊은 인구가 감소하는데 국가 부채가 증가하면 국민 개개인의 조세 부담도 증가하기 때문에 소비가 위축될 수밖에 없다. 따라서 지금처럼 저출산이 지속된다면 우리나라 경제의 미래는 암울할 수 밖에 없으며, 국가가 저출산 문제를 해결하지 못한다면 아무리 훌륭한 경제정책을 수립하여 추진하더라도 미봉책이 될 뿐이다.

02
국민은 왜 아이를
낳지 않으려고 하는가

저출산 문제는 지금처럼 대통령과 정치인 등이 이따금씩 TV 뉴스나 언론에 얼굴을 내밀며 국민에게 아이를 많이 낳으라고 당부한다고 해서 해결되지 않는다. 국민이 아이를 많이 2명 이상 낳지 않으려는 이유가 무엇인지 깨닫고, 아이를 여럿 낳을 수 있는 여건을 조성해줘야 문제가 해결될 수 있다. 물론 현재 국가가 저출산 문제에 손을 놓고 있는 건 아니다. 적어도 겉으로는 무엇인가 하려고 애쓰는 모습이 보인다. 하지만 그럼에도 불구하고 출산율이 눈에 띄게 개선되지 않고 있다는 건 출산율 제고정책에 있어서 국가가 허공을 향해 헛발질을 반복하고 있음을 말해준다. 대통령과 정부는 이제 더 이상 헛발질을 해서는 안 된다. 우리에게는 이제 여유를 부릴 시간이 없기 때문이다.

공정 분배

우리 모두는 국민이 아이를 많이 낳지 않으려는 가장 큰 이유가 무엇인지 이미 잘 알고 있다. 그것은 바로 경제적인 부담 때문이다. 특히 최근 젊은 세대는 경제적인 부담 때문에 결혼을 미루고 있다. 뿐만 아니라 결혼한 후에도 역시 경제적인 부담 때문에 아이 갖기를 미루거나 아예 아이를 갖지 않으려는 경향마저 보이고 있다.

보건복지부가 19세 이상 성인 남녀 2,000명을 대상으로 조사해 발표한 자료2011년 저출산·고령화에 대한 국민인식조사 결과 보고서에 따르면, 저출산의 가장 주된 원인은 '자녀 양육비·교육비 부담'이라는 응답이 60.2%로 가장 많았다. 즉, 국민 10명 중 6명은 자녀 양육비·교육비 부담을 저출산의 가장 주된 원인으로 인식하고 있는 것이다.

그리고 한국보건사회연구원이 20~45세 기혼 여성 중 현재 자녀가 없거나 10세 이하의 자녀가 있는 1,119가구를 대상으로 조사해 발표한 자료2013년 소득 계층별 출산 행태 분석과 시사점, 김은정에 따르면, 현재 자녀가 없거나 1명의 자녀를 둔 가구가 추가 출산을 하지 않는 이유는 '경제적인 문제 때문'이라는 답변이 두 번째로 많았는데, 첫 번째 이유나이가 많아서, 현재 자녀로 충분해서 등와 비교해 응답률은 근소한 차이였다. 그 외에도 경제적인 부담 때문에 국민이 출산을 기피한다는 통계나 조사는 셀 수 없이 많다.

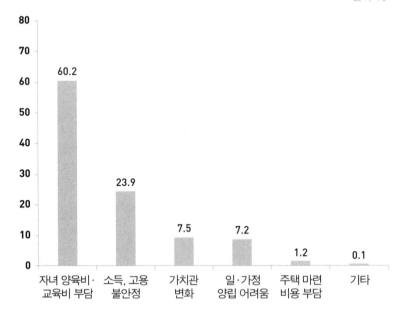

단위: %

출처: 2011년 저출산·고령화에 대한 국민 인식 조사 결과 보고서, 보건복지부

물론, 저출산의 이유가 꼭 경제적인 부담 때문만은 아닐 것이다. 예를 들어 우리 사회 전반에서 과거와 달리 자녀에 대한 가치관이 변화된 점도 저출산의 중요한 이유 중 하나다.

단위: %, 명

응답	현재 자녀 수				전체
	0	1	2	3명 이상	
경제적인 문제 때문에	28.6	26.3	20.6	17.2	21.2
건강상의 문제 때문에	8.2	9.8	1.9	2.9	3.4
나이가 많아서	30.6	14.3	16.3	9.8	15.6
직장생활에 지장을 주어서	2.0	6.0	0.6	0.0	1.3
현재 자녀로 충분해서	0.0	28.6	53.9	66.1	50.0
자녀의 필요성을 못 느껴서	24.5	2.3	3.9	2.9	4.5
자녀를 잘 키울 자신이 없어서	4.1	12.8	2.3	1.1	3.6
기타	2.0	0.0	0.6	0.0	0.5
전체	100 (49)	100 (133)	100 (646)	100 (174)	100 (1,002)

출처: 소득 계층별 출산 행태 분석과 시사점, 한국보건사회연구원, 김은정

한국보건사회연구원의 자료 2012년 전국 출산력 및 가족보건·복지 실태 조사에 따르면, 15~44세 기혼 여성을 대상으로 자녀에 대한 가치관을 파악한 결과, 자녀를 '반드시 가질 필요는 없다'고 응답한 비율 53.5%이 '반드시 가져야 한다'고 응답한 비율 46.3% 보다 높았다. 이러한 결과는 과거 조사와는 상당히 다른 양상을 보인 것이다. 즉, 과거 조사에서는 부부가 결혼하면 자녀를 '반드시 가져야 한다'는 응답이 가장 많

왔으나2003년 54.5%, 2006년 53.8%, 2009년 55.9%, 2012년 조사에서는 자녀 출산을 선택으로 보는, '반드시 가질 필요는 없다'는 응답이 가장 많은 것으로 변화한 것이다. 게다가 '자녀가 없어도 무관하다'고 응답한 비율은 16.0%로 2003~2009년의 11~12%대와 비교해 크게 증가하였다. 이처럼 자녀에 대한 가치관이 변화한 것도 최근의 저출산 경향에 분명히 적지 않게 작용하였음이 틀림없다. 하지만 저출산 현상에 있어서 근본적인 문제는 자녀를 반드시 가져야 한다고 생각하는 국민조차 아이를 2명 이상 낳지 않으려고 하며, 그것의 가장 큰 이유가 경제적인 부담 때문이라는 사실이다. 그러면 도대체 자녀를 양육하는 데 경제적인 부담, 즉, 돈이 얼마나 많이 들기에 국민이 출산을 기피하는 지경에까지 이르게 된 것일까?

한국보건사회연구원의 자료2012년 전국 출산력 및 가족보건·복지 실태 조사에 따르면, 아이 1명을 22년간출생~대학 졸업 양육하는 데 교육비를 포함하여 평균 3억 원추정치이 넘게 든다. 아이가 둘이면 6억 원, 셋이면 9억 원이 넘게 든다는 말이다. 말 그대로 억 소리가 나지 않을 수 없다. 그러니 요새 아이가 셋 이상이면 재벌이라는 소리를 듣는 게 별로 이상하지 않은 것이다.

공정 분배

단위: 만 원

자녀의 연령	양육 비용 추정			
	2003년	2006년	2009년	2012년
영아기(0~2세)	1,803.6	2,264.4	2,466.0	3,063.6
유아기(3~5세)	2,160.0	2,692.8	2,937.6	3,686.4
초등학교(6~11세)	4,744.8	5,652.0	6,300.0	7,596.0
중학교(12~14세)	2,761.2	3,132.0	3,535.2	4,122.0
고등학교(15~17세)	3,135.6	3,592.8	4,154.4	4,719.6
대학교(18~21세)	5,097.7	5,865.6	6,811.2	7,708.8
전체 (출생~대학 졸업까지)	1억 9,702만 8천 원	2억 3,199만 6천 원	2억 6,204만 4천 원	3억 896만 4천 원

출처: 2012년 전국 출산력 및 가족보건·복지 실태 조사, 한국보건사회연구원, 김승권 등

물론 모든 국민이 자녀를 양육하는 데 그렇게나 많은 돈을 소비하지는 않을 것이며, 소득에 따라 편차가 클 것이다. 하지만 분명한 사실은, 그리고 핵심은, 국민이 아이 낳기를 기피할 정도로 자녀를 키우는데 경제적인 부담이 상당하다는 것이다. 그것은 굳이 통계를 찾아보지 않더라도 아이를 낳아서 키워보면 쉽게 알 수 있는 사실이다.

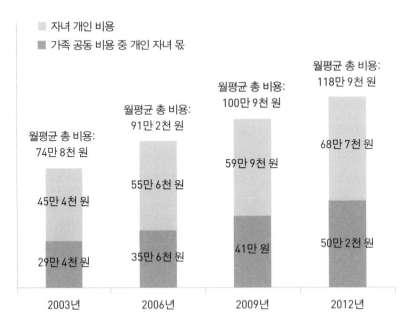

자녀 1인당 월평균 양육비

■ 자녀 개인 비용
■ 가족 공동 비용 중 개인 자녀 몫

월평균 총 비용:
118만 9천 원

월평균 총 비용:
100만 9천 원

월평균 총 비용:
91만 2천 원

월평균 총 비용:
74만 8천 원

68만 7천 원

59만 9천 원

55만 6천 원

45만 4천 원

50만 2천 원

41만 원

35만 6천 원

29만 4천 원

2003년   2006년   2009년   2012년

출처: 2012년 전국 출산력 및 가족보건 · 복지 실태 조사, 한국보건사회연구원, 김승권 등

앞서 한국보건사회연구원의 조사에서 자녀 1인당 월평균 양육비 출생~대학 졸업, 자녀 개인 비용 중 **교육비** 공교육비+사교육비가 57.2%로 가장 큰 비중을 차지하는 것으로 나타났다. 그러니까 우리나라 국민은 평균적으로 자녀 양육비의 절반 이상을 교육비로 지출하고 있는 것이다. 따라서 국가가 자녀의 교육비 부담만 덜어줘도 자녀 양육에 대한 국민적 부담이 한결 가벼워질 것이며, 이는 분명히 출산율 제고로 이

공정 분배

어질 것이다. 결론적으로 말해 국가가 저출산 문제를 해결하기 위해서
가장 우선적으로 추진해야 할 정책은 국민의 어깨를 짓누르고 있는
아이의 교육비 부담을 덜어주는 일이다.

03
고삐 풀린 사교육비,
언제까지 두고 볼 것인가

　이렇듯 대한민국에서 자녀를 양육하는 국민의 등골이 휘는데 교육비가 가장 큰 부담이 되고 있지만, 그렇다고 해서 국민이 자녀를 위해 교육비를 지출하는 것을 두고 문제 삼을 수는 없다. 아이를 양육하는 데 밥_{건강} 다음으로 가장 중요한 게 교육이기 때문이다. 교육이 곧 아이의 미래를 좌우할 가능성이 매우 크며, 나아가 국가의 미래도 좌우한다. 따라서 부모로서 아이의 미래를 위해 교육에 많은 관심과 돈을 쏟는 건 당연한 일이다. 세계에서 가장 가난한 나라들 중 하나였던 대한민국이 한국전쟁 이후 불과 반 세기 만에 선진국의 문턱까지 올라서게 된 것도 자녀에 대한 국민의 열성적인 교육열이 있었기에 가능했다. 천연자원이 없는 우리나라가 교육을 통한 양질의 인적

자원 양성에 실패했다면 한강의 기적은 없었을 것이다. 비록 우리나라의 교육이 적성 및 재능 개발을 통해 창의적인 인재를 양성하기보다는 대학 진학을 위한 나아가 취업을 위한 입시 교육에 중심을 두고 있다는 문제가 있지만, 그렇다고 해서 교육의 중요성이 부정될 수 있는 건 아니다. 그리고 더욱이 지금과 같은 지식 기반 사회에서 교육을 통한 양질의 인적 자원 양성은 앞으로도 우리나라 경제의 대외 경쟁력과 성장을 제고하는 데 중요한 열쇠가 될 것이다. 따라서 저출산 문제의 해결을 위해서만이 아니라 우리나라 경제의 발전을 주도해 나갈 인재를 양성하기 위해서라도 국가는 국민의 교육비 부담을 덜어주고, 소득 수준에 상관 없이 아이들에게 공정한 기회를 제공해야 한다. 특히 가난 때문에 교육으로부터 소외되는 아이들이 없도록 해야 한다.

사실 나는 현재 우리나라의 교육 복지 수준이 나쁜 편은 아니라고 생각한다. 왜냐하면 우리나라는 소득 수준에 상관 없이 초등학교부터 중학교까지 무상 의무 교육을 실시하고 있으며, 최근에는 말도 많고 탈도 많지만 취학 전 아동에 대한 무상보육도 시작했기 때문이다. 뿐만 아니라 18대 대선 당시 박근혜 대통령이 2014년부터 단계적으로 시작해 2017년에는 전면적으로 고등학교 무상교육을 실시하겠다고 공약한 만큼, 대통령과 집권 여당이 국민과의 약속을 배신하지 않는다면 머지않아 고등학교도 무상교육이 실시될 것으로 전망된다. 따라서 아이를 사립학교에 보내지 않는 한, 아이가 고등학교를 졸업할 때까지는 공교육비가 많이 들지 않는다. 문제는 대학 입시를 위해 지출하는 사교육비와 연간 1,000만 원에 이르는 비싼 대학 등록금이다. 그 두 가지가 학부모의 등골을 휘게 만드는 주범이다.

한국보건사회연구원의 조사에 따르면, 아이가 대학에 진학하기 전 양육비 중 단일 항목으로 가장 큰 비중을 차지하는 건 사교육비다. 그리고 대학에 진학한 이후에는 등록금 때문에 공교육비가 급증한다. 따라서 국가가 사교육비와 대학 등록금에 대한 국민의 부담을 덜어 줘야 교육 복지가 완성된다고 볼 수 있다. 하지만 국가가 모든 아이의 사교육비를 부담해주거나 대학교 무상교육을 실시하는 건 현실적으로 어려운 일이며 바람직하지도 않다. 만약 국가가 사교육비까지 부담해 준다면 우리나라는 그야말로 사교육 천국이 될 게 분명하며, 이는 학원만 신나는 일이 될 것이다. 또한 대학교 무상교육을 실시한다면 국가의 교육 예산이 대학 교육에 편중돼 공교육_{초·중·고}의 질적 저하를 가져오는 등 또 다른 문제가 생길 수 있다. 따라서 사교육비와 대학 등록금 문제의 해결을 위해서는 무상교육이 아닌 다른 방법을 찾아야 한다.

대다수의 학부모가 아이에게 학원, 과외 등의 사교육을 시키는 이유는 학교 교육만 받아서는 아이가 원하는 대학에 진학하기 어렵다고 생각하기 때문이다. 그리고 대다수의 학부모가 아이를 대학에 보내고 싶어하는 이유는 대학을 졸업하지 않으면 취업 등 사회 참여의 기회가 제한적일 뿐만 아니라, 대졸자와 고졸자또는 고졸이하의 학력을 가진 자 간의 임금 격차가 크기 때문이다. 게다가 소위 양질의 일자리는 대부분 대졸자가 차지하고 있다. 따라서 국가가 국민의 사교육비 부담을 덜어주기 위해서는 아이가 사교육을 전혀 받지 않고도 자신이 원하는 대학에 진학하는 데 어려움이 없을 정도로 공교육을 강화해야 한다. 그 외에 국민의 사교육비 부담을 덜어 줄 방법은 없다. 물론 대학 입시 위주의 사교육에 대한 수요를 획기적으로 줄일 수 있는 가장 좋은 방법은, 우리나라가 학력과 학벌에 따라 취업과 임금 등에서 차별받지 않는 사회를 만드는 것이다. 하지만 우리가 그런 이상적인 사회에 도달하려면 지금부터 전력 질주를 해도 족히 50년은 넘게 걸릴 것이기 때문에 당장 시급한 저출산 문제를 해결하는 데 도움이 되지 못한다. 지금 무엇보다 필요한 건 최대한 단기간 내에 국민의 사교육비 부담을 덜어주는 일이며, 이는 공교육 강화를 통해서만 가능하다.

사실 우리 사회에서 사교육비 절감을 위해 국가가 공교육을 강화해야 한다는 목소리가 나온 건 어제 오늘의 일이 아니다. 그리고 그동안 국가도 정권이 바뀔 때마다 새로운 공교육 강화 대책을 내놓았다. 하지만 그동안 국민의 사교육비 부담이 줄지 않고 오히려 늘었다는 건 지금까지 국가가 내놓은 공교육 강화 대책이 실효성이 없었다는 방증이다. 물론 사교육이 필요 없을 정도로 공교육을 강화하는 게 그만큼 어렵다는 뜻도 될 것이다. 하지만 그렇다고 해서 국가가 공교육 강화를 포기해서는 안 된다. 또한 국가가 지금까지 해온 것처럼 정권이 바뀔 때마다 실효성 없는 대책을 반복적으로 내놓아서도 안 된다. 똑같은 실패를 반복하는 것만큼 어리석은 짓도 없다.

그렇다면 도대체 어떻게 해야 사교육이 필요 없을 정도로 공교육을 강화할 수 있을까? 솔직히 말해 나는 현재의 우리나라 교육시스템과 그 변천사에 대하여 아는 바가 별로 없기 때문에 이 문제에 대하여 명쾌하게 답을 내놓기 어렵다. 다만 내가 학교초·중·고를 다녔던 1980년대에 사교육 문제에 대한 해답이 있을지도 모른다고 생각한다.

공정 분배

04
공교육의 절대 강화 외에
다른 방법은 없다

내가 학교초·중·고를 다녔던 시절에는 내 주변에서 사교육을 받는 학생이 거의 없었다. 당시에는 사교육이라고 해봐야 재수생을 위한 입시 학원이 전부였다. 나는 중학교 때까지 태권도 학원 외에는 학원을 다녀본 기억이 전혀 없다. 고등학교 2학년이 돼서야 입시학원이라는 곳을 처음 가봤는데, 그나마 학기 중이 아닌 방학 때 부족한 영어와 수학 공부를 보충하기 위해서였다. 그리고 초등학교 때부터 고등학교를 졸업할 때까지 과외 교습을 받아본 적도 없다. 1980년대에 국가가 과외 교습과 학원 수강을 금지1980년 7·30 교육개혁조치 했던 게 내가 사교육을 접해 보지 못한 이유일 수도 있다. 나뿐만 아니라 같은 시대에 나와 함께 학교를 다녔던 다른 친구들도 모두 사정이 비슷했다. 그럼에도 불구하고 나와 친구들은 서울대부터 지방대까지 골고루 대학에 진학했다. 대학 진학을 포기하고 일찍 군대에 가거나 취업한 친구도 적지 않았지만, 당시에는 학교 수업을 열심히 듣고 부족한 부분은 교육방송EBS으로 보충하는 것만으로도 대학에 진학하는 데 전혀 문제가 없었다. 물론 당시에도 대학에 진학하려면 중·고등학교 때 밤 잠을 줄이고 치열하게 공부해야 했던 건 지금과 차이가 없을 것이다. 그리고 당시 선생님들도 무척 고생을 했다. 선생님들은 정규 수업과는 별도로 아침·저녁으로 보충 수업을 실시했으며, 성적에 따라 학생들을 분반하여 수준별 맞춤 수업을 실시했다. 그리고 학생들과 똑같이 도시락을 2개씩 싸 가지고 다니면서 야간자율학습 지도까지 했으니, 돌이켜 보면 선생님들이 학생보다 교육에 더 열성적이었던 것 같다. 그러한 선생님들공교육의 열성이 아마 사교육을 대신했던 것 같다.

그리고 당시에는 대학입시제도대입 학력고사가 지금처럼 복잡하지 않고 매우 단순했다. 성적에 맞춰 내가 희망하는 대학에 먼저 응시 원서를 내고 난 뒤 시험선지원·후시험을 보고 나면 당락이 결정됐다. 낙방하면 한 달 뒤 다시 한 번 시험 볼 기회가 있었고, 두 번째 시험에서도 낙방하면 전문대를 가거나 재수를 선택했다. 그런데 현재의 대학입시제도는 너무 복잡해서 입시제도 그 자체를 공부하지 않고서는 대학에 진학하기가 어렵다. 고등학교 교사인 지인의 말에 따르면, 요즘에는 아이가 공부를 아무리 잘해도 학부모가 입시제도에 눈이 어두우면 아이가 희망하는 대학에 진학하기 어렵다고 한다. 그렇기 때문에 일찍부터 전략적으로 입시를 준비해야 하는데, 학교에서 그 문제가 해결이 안 되니 아이를 학원에 보내지 않을 수 없다고 한다. 우리나라의 복잡한 입시제도는 결국 학원 좋은 일만 시켜주는 게 아닌가 생각될 정도다. 입시제도가 오죽 복잡하면 회당 상담료를 수십~수백만 원씩 받고 입시 지도를 해주는 입시 전문 컨설턴트가 활개치겠는가? 입시제도가 미치지 않고서야 어떻게 이런 일이 있을 수 있는가? 내가 학교를 다녔던 동안에는 사교육을 전혀 받지 않고도 대학에 진학하는 데 문제가 전혀 없었는데 지금은 왜 그것이 안 되는가? 그만큼 그동안 국가가 펴온 교육정책이 심각한 부작용을 유발했다고 밖에 볼 수 없다. 국가의 교육정책이 결과적으로 사교육 팽창정책이었다고 해도 틀린 말이 아닐 것이다.

그렇다고 해서 내가 학교에 다녔던 군사 정권 시절의 교육시스템으로 회귀하자는 말을 하고 싶은 것은 아니다. 또한 과거의 입시제도를 칭송하는 것도 아니다. 다만 과거 사교육 없이도 대학에 진학할 수 있었던 공교육시스템의 장점을 연구해서 현재의 공교육시스템을 뜯어고쳐야 한다는 것이다. 그것이 곧 공교육 강화이며, 그렇게 하지 않고서는 국민의 사교육비 부담을 덜어 줄 마땅한 방법이 없다.

또한 국가는 국민의 대학 등록금 부담을 획기적으로 덜어줄 방법도 찾아야 한다. 이를 위해 국가 재정이 투입되는 국가 장학금을 확대하기보다는 각종 비리의 온상이 되어버린 대학 재단에 대한 관리 및 감독을 강화하여 학생들이 납부한 등록금과 국고 보조금이 쓸데 없는 곳으로 새나가는 것을 막아야 한다. 그리고 비영리 기관인 대학이 영리 기업인 양 과다한 이윤을 추구하지 못하도록 등록금 수준을 현실화함으로써 학생과 학부모를 착취하지 못하도록 해야 한다.

　대학 등록금이 1년에 1,000만 원이다. 거기에 교재비, 교통비, 식비, 방세 등을 포함하면 아이 1명을 대학에 보내는 데 연간 1,500~2,000만 원이나 든다. 아이 2명을 대학에 보내려면 연간 3,000~4,000만 원이 필요하다는 말이다. 물려 받은 재산이 없는 중산층 이하 서민 가구가 무슨 재주로 연간 수천만 원이나 하는 학비를 감당할 수 있겠는가? 그러니 중산층 이하 서민 가구의 자녀들은 1년 내내 아르바이트를 하느라 정작 본업인 공부할 시간이 없다. 그럼에도 돈이 부족해서 학자금 대출까지 받아서 대학에 갖다 바치고 있다. 그리고 아르바이트와 학자금 대출로도 학비를 감당하지 못하는 학생들은 아예 학업을 중도에 포기한다. 물론 국가가 소득에 연계하여 저소득층 및 중산층 가구의 자녀에게 대학 등록금 중 일부를 지원 국가 장학금 해주고 있지만, 그것이 근본적인 문제 해결책이 되지 못한다. 대학들이 턱없이 비싼 등록금 수준을 현실화하도록 국가는 대책을 강구해야 한다.

　일부 식자들은 자신도 대학에 다녔고, 자기 자식도 대학에 보냈으면서 왜 모두들 대학에 가지 못해 안달하냐며 국민의 의식 수준이 저급하다는 듯이 혀를 내두른다. 하지만 우리나라의 대학 진학률70.9%, 2014년이 세계 최고 수준인 것은 잘못된 게 아니다. 대한민국 국민에게 그와 같은 교육열이 없었다면 지금 우리나라 경제는 북한보다 조금 더 나은 수준에 불과할지도 모른다. 설령 대학 진학률이 높은 게 잘못된 현상이라 하더라도, 그것은 학력과 학벌에 따라 취업과 임금 등에서 차별받는 대한민국 사회의 구조적인 문제에서 기인한 것이지 국민의 의식 수준이 저급한 탓이 아니다. 대선이든, 총선이든 선거철만 되면 정치인들의 세치 혀에서 자주 뱉어내는 말이 반값 등록금 공약이다. 그리고 그것은 선거철이 지나면 어김없이 거짓말이 되고 만다. 정치인들은 말로만 반값 등록금을 시행하겠다고 떠들지 말고 실현 가능한 방법을 찾아서 국민에게 제시하고, 그것을 이행해야 한다. 그리고 대통령과 정부는 국민의 사교육비와 대학 등록금에 대한 부담을 덜어주지 못할 것이라면 국민에게 아이를 많이 낳으라는 말을 아예 꺼내지도 말아야 할 것이다.

05
국가의 양육비 부담은
비용이 아닌 투자다

　　국가가 저출산 문제를 해결하기 위해 가장 우선적으로 추진해야 할 정책은 국민이 부담해야 하는 자녀 양육비 중 가장 큰 비중을 차지하는 교육비 부담을 덜어주는 일이다. 그것은 공교육을 강화하고 대학이 등록금을 현실화하도록 조치하는 것만으로도 충분히 실현할 수 있다. 따라서 국가가 마음만 먹으면 지금보다 재정 지출을 크게 늘리지 않고서도 해낼 수 있을 것이다. 그렇게 해서 국가가 국민의 교육비 부담만 덜어주더라도 출산율을 제고하는 데 분명히 큰 효과가 있을 것이다. 하지만 그것만으로는 지금의 저출산 문제를 효과적으로 극복할 수 없다. 지금 우리나라가 처한 저출산 문제의 근본적인 원인은, 국민이 '아이 = 축복'이라고 인식하기에 앞서, '아이 = 비용'이라는 현실의 높은 벽에 부딪히기 때문이다. 따라서 출산율을 획기적으로 _{합계} 출산율을 최소 2.0명 이상으로 끌어 올리려면 국가가 소득에 상관 없이 국민의 아이 양육비를 전적으로 부담함으로써, 국민의 머리 속에서 아이는 곧 비용이라는 인식을 최대한 깨끗이 지워야 한다. 즉, 국가는 국민에게 '아이를 낳기만 하라, 양육비는 무슨 일이 있어도 국가가 책임진다.'는 강한 신뢰를 주고, 그에 입각한 출산·양육에 관한 복지정책을 수립하여 정권의 변동에 상관 없이 일관되게 추진해야 한다. 이를 위해 소득과 상관 없이 모든 임산부에 대하여 임신한 순간부터 출산할 때까지의 출산 관련 의료비와 산후 조리비 일체를 국가가 부담해야 한다. 그리고 출산 후에는 지금 시행 중인 유아 학비 등의 지원 보육료·유아 학비·양육수당에 더해 아이가 성인이 될 때까지 자녀 수에 비례해 소정의 기초양육수당을 지급해야 한다. 국가가 국민의 양육비 부담을 덜어주는 데 있어서 비용을 절감시켜주거나 수당을 지급함으로써 국민의 실질소득을 늘려주는 것만큼 효과적인 대책은 없을 것이다.

이와 같은 저출산 극복 대책을 포퓰리즘 정책이라고 볼 수 없다. 지금 대한민국은 인구 멸종 위기에 처해 있다. 이대로라면 100년 내에 인구가 1/5 미만으로 감소할 것이며, 200년쯤 뒤에는 인구가 없어 국가가 사라질 위기에 처해 있다. 지금과 같은 국가 비상사태 하에서는 출혈을 감수하더라도 저출산 문제를 해결해야 하는 게 당연하다. 그리고 인구는 앞으로 우리나라 경제의 흥망을 좌우하게 될 가장 중요한 성장 동력이 될 것이다. 따라서 국가가 저출산 극복에 들이는 돈은 당장 쓰고 없어지는 비용이 아닌, 미래를 위한 투자로 인식해야 한다. 즉, 투자한 만큼 나중에 과실로 수확할 수 있다는 뜻이다. 다만 국가가 국민의 아이 양육비를 전적으로 부담하려면 국가의 재정 지출이 크게 증가할 것이기 때문에 그 재원을 어디서 어떻게 마련해야 하는지가 최대 난제가 될 것이다. 하지만 그 난제를 해결할 방법은 멀리 있지 않다. 지금 우리 사회에서 국민소득이 현저히 불공정하게 분배되고 있는 게 명백한 사실인 만큼, 고소득자와 부자 그리고 대기업의 세금 _{소득세·법인세·상속세 등} 부담을 늘려 저출산 극복에 필요한 재원을 마련하면 된다. 시장에서 발생되는 소득이 불공정한 분배시스템에 의해 고소득자와 대기업에 편중되고 있기 때문에 국가가 그들로부터 세금을 더 거둬들여 전체 국민에게 골고루 재분배해야 한다는 것이다. 그렇게 한다고 해서 고소득자와 대기업이 손해를 보거나 불이익을 당하는 게 아니다. 국가가 국민에게 기초양육수당을 지급하는 등 적극적인 출산율 제고 정책을 펴서 소비가 늘고 인구가 증가하면, 그만큼 고소득자와 대기업이 돈을 벌 수 있는 내수 시장이 커진다. 따라서 그들이 추가로 부담하는 세금은 부메랑처럼 그들 자신에게 다시 소득이 되어 되돌아올 것이다.

06
맞벌이가구, 아이를 낳아도
마음 편히 맡길 곳이 없다

국가는 저출산 문제를 효과적으로 극복하기 위해 국민의 교육비와 양육비 부담을 덜어주는 것 외에도, 맞벌이 가구를 위해 전체 보육 시설 어린이집의 5.7% 2014년에 불과한 국공립 보육 시설을 대폭 확충해야 한다. 다시 말해 맞벌이 가구가 직장에 다니면서 아이를 안심하고 맡길 수 있는 국가 보육 시설을 크게 늘려야 한다는 말이다.

맞벌이 가구의 경우, 양육비 부담도 부담이지만 부부가 함께 직장에 다니면서 아이를 돌보기가 힘들기 때문에 아이를 여럿 낳지 않으려는 경우가 많다. 맞벌이 가구에서 여성이 직장생활과 육아를 병행하기 힘들기 때문에 둘째 아이 이상을 낳지 않는 사례를 우리 주변에서 쉽게 접할 수 있다. 그렇기 때문에 만약 맞벌이 가구가 출근할 때부터 퇴근할 때까지 아이를 안심하고 맡길 만한 국·공립 보육 시설이 대폭 늘어난다면, 그만큼 맞벌이 가구의 출산율이 높아질 것이다. 이 문제에 대하여는 내가 아이를 양육하면서 경험했던 일을 사례로 들어 이야기하면 충분히 설명을 할 수 있을 것 같다. 물론 나의 개인적인 사례를 일반화하기는 어렵겠지만 맞벌이 가구라면 나의 육아 사례에 대하여 충분히 공감하고도 남을 것이다.

나는 아내와 함께 맞벌이 하며 외동딸을 키우고 있다. 올해^{2016년} 초등학교 3학년이 된 딸은 10년 전 내 팔뚝만한 크기로 태어났는데, 이제 내 가슴 높이까지 키가 컸다. 그동안 건강하게 무럭무럭 자라면서 밝은 성격을 가진 딸을 보면 대견하고 감사한 마음을 갖게 된다. 이 세상에 자식을 키우면서 경험하는 기쁨보다 더 큰 기쁨이 있을까? 나는 그만한 기쁨은 세상 어디에도 없다고 생각한다. 그래서 나는 자식을 셋 정도는 갖고 싶었지만 아쉽게도 딸 하나에 만족하며 살고 있다. 나는 일찍부터 둘째 아이를 갖기 원했지만 아내가 원치 않아 포기했다. 우리 부부가 둘째 아이를 갖지 않은 이유는 양육비와 교육비에 대한 부담도 무시할 수 없지만, 가장 큰 문제는 맞벌이 하며 아이를 키우기가 너무 힘들다는 사실 때문이다. 한동안 내가 둘째 아이를 갖자고 아내를 설득할 때마다 아내의 답은 한결 같았다. 누가 아이를 대신 키워줄 사람이 있다면 낳겠지만 그렇지 않기 때문에 못 낳겠다는 것이다. 육아 때문에 직장을 포기할 생각이 없는 아내는 직장에 다니면서 딸 하나를 키우는 것도 체력적으로나 정신적으로 너무 힘들기 때문에 둘째 아이까지 낳아서 키우기는 도저히 자신이 없다고 말했다. 나는 아이를 양육하는 데 아빠보다 엄마의 손길이 더 많이 필요하고, 따라서 엄마가 체력적으로나 정신적으로 아빠보다 더 힘들다는 사실을 알고 있다. 그렇기 때문에 직장생활과 육아를 병행하기가 너무 힘들다고 말하는 아내에게 둘째를 갖자고 고집을 부릴 수 없었다. 물론 지금은 딸이 많이 커서 유아기 때처럼 엄마, 아빠의 손을 많이 필요로 하지 않기 때문에 아이를 키우는 데 여유가 생겼다. 하지만 그렇다고 이제 와서 마흔을 넘긴 아내에게 둘째 아이를 갖자고 하기에는 무리라고 생각하기 때문에 더 이상 말을 꺼내지 않는다. 그리고 두 아이에게 쏟을 사랑을 딸 하나에게 전부 쏟아 주자고 생각하며 지내고 있다.

맞벌이 하며 아이를 키워본 사람특히 여성이라면 모두 공감할 것이다. 직장에 다니면서 아이 하나를 키우는 것도 때로는 전쟁처럼 느껴신나는 사실을 말이다. 나의 아내는 딸을 출산하고 3개월간 출산휴가를 보냈다. 그리고 출산휴가가 끝나갈 무렵 우리 부부는 아내가 복직한 뒤 딸을 맡길 보육 시설어린이집을 열심히 찾아 다녔다. 하지만 그것이 생각만큼 쉬운 일이 아니라는 사실을 알고 나서 적지 않게 당혹감을 느껴야 했다. 우선 집에서 걸어 다닐 만한 곳에 갓난 아기를 맡길 만한 보육 시설이 없었다. 그나마 집에서 가장 가까운 보육 시설 몇 곳에서도 정원이 가득 차 대기자 명단에 이름을 올렸을 뿐이다. 특히 국공립 보육 시설의 경우에는 대기자 수가 너무 많아서 입소하기까지 1년이 걸릴지, 2년이 걸릴지 모르는 상황이었다. 그래서 아내가 복직할 날짜가 다가올수록 우리 부부는 무척 스트레스를 받았는데, 결국 보육 시설 찾는 것을 포기하고 아내가 직장에 1년 동안 육아휴직을 신청하기로 결정했다. 그런데 우리 부부가 보육 시설을 찾는 문제는 그것으로 끝난 게 아니었다. 아내의 육아휴직 기간이 끝나갈 무렵 이번에도 우리 부부는 딸을 맡길 보육 시설을 열심히 찾아 다녔지만 상황은 1년 전과 크게 다르지 않았다. 보육 시설에 입소하기 위해서는 대기표를 받아야 했고, 국·공립 보육 시설에 입소하는 것은 여전히 하늘의 별 따기였다. 게다가 우리 부부의 출퇴근 시간대와 보육 시설의 운영 시간대가 어긋나는 점도 골치 아픈 문제였다. 그래서 우리 부부는 고민 끝에 딸을 보육 시설에 맡기는 대신 집으로 출퇴근하며 딸을 돌봐 주실 아주머니를 고용했다.

우리는 아주머니에게 매월 고정 급여를 지급했으며, 우리가 늦게 퇴근하는 날이나 휴일에 딸을 맡겨야 하는 날에는 어김 없이 초과근무수당을 지급해야 했다. 게다가 명절이나 아주머니의 생신 때는 떡값이라도 챙겨드려야 했다. 그렇게 하니 평균적으로 아내가 직장에서 받는 급여의 60% 이상을 아주머니에게 급여로 지급했다. 따라서 아내가 직장에서 받는 급여는 아주머니의 급여와 아내의 출퇴근 비용 등을 빼고 나면 몇 푼 남지 않았다. 그나마 다행스런 점은 아주머니가 딸을 사랑으로 잘 돌봐 주셨고 딸이 크게 아픈 적 없이 건강하게 자란 덕에 별 탈 없이 지낼 수 있었다는 점이다. 그렇게 아주머니와 함께 3~4년을 보낸 뒤 딸이 만 4세가 되던 해에 우리 부부는 딸을 유치원에 보내기로 결정했다. 그런데 딸을 유치원에 보낼 때도 우리 부부는 참으로 기가 막힌 경험을 해야 했다. 관내에 입학을 희망하는 아이 수에 비해 유치원 수가 부족해서 추첨을 통해 당첨이 되어야 입학할 수 있다는 것이었다. 게다가 관내의 모든 유치원이 같은 날에 추첨을 했기 때문에 여러 곳에 입학 원서를 넣으려면 그만큼 여러 사람이 동원되어야 했다. 추첨 당일에 나와 아내는 휴가를 냈고 아주머니까지 나섰다. 그렇게 하여 세 사람이 유치원 세 곳으로 흩어져서 추첨 순서를 기다렸다. 유치원에서는 당첨을 기원하듯 두 손 모아 기도하는 학부모가 여럿 눈에 띄었고, 당첨자가 발표될 될 때마다 마치 아이가 서울대학교에 합격한 것 마냥 기뻐하는 학부모가 대부분이었다. 반면에 당첨되지 못한 학부모는 크게 실망한 표정을 지으며 유치원 밖을 나섰다. 나 역시 추첨 순서가 다가올수록 긴장감과 초조함을 느끼지 않을 수 없었는데, 우리 딸은 다행히 그중 한 곳에 당첨돼 유치원에 입학할 수 있었다. 딸이 유치원에 입학한 뒤에도 우리 부부는 파트타임으로 딸을 돌봐줄 아주머니를 고용해야 했다. 딸의 유치원 등교 시간이 우리 부부의 출근 시간에 비해 너무 늦었고, 하교 시간은 우리 부부의 퇴근 시간에 비해 너무 빨랐기 때문이다. 그리고 딸의 등·하교 시간과 우리 부부의 출퇴근 시간에 큰 차이가 생기는 문제는 딸이 초등학교에 진학한 뒤에도 지금까지 우리 부부의 가장 큰 골칫거리다. 만약 우리 부부가 출퇴근 시간에 구애받지 않으면서 아이를 안심하고 맡길 수 있는 국가 보육 시설이 많았다면, 다시 말해 아내가 직장 생활과 육아를 병행하는 게 수월했다면 우리 부부는 일찌감치 둘째 아이를 가졌을 것이다. 이와 같은 사례가 과연 우리 부부뿐이겠는가?

07

청춘남녀,
하늘을 보게 해줘야
별을 딸 게 아닌가

아이의 교육과 양육에 관한 문제를 해결하는 것 외에도, 국가는 저출산 문제를 극복하기 위해 결혼 적령기에 이른 20~30대가 지금보다 결혼하기 쉬운 여건을 만들어야 줘야 한다. 하늘을 봐야 별을 딸 수 있는 법인데 결혼을 해서 아이를 낳아 한참 양육해야 할 나이임에도 불구하고 20~30대 젊은 세대가 경제적인 이유 때문에 결혼을 미루거나 포기하고 있다. 그러니 시간이 지날수록 저출산 문제가 점점 더 심화될 수 밖에 없다.

통계청 발표에 따르면, 2014년 기준 우리나라 국민의 결혼초혼 연령은 남성이 32.4세이고, 여성은 29.8세이다. 2000년과 비교하면 결혼 연령이 남성은 3.1세, 여성은 3.3세 늦어졌으며, 1990년과 비교하면 남성은 4.6세, 여성은 5.0세나 늦어졌다. 그리고 해가 갈수록 결혼 연령은 점점 더 늦어지고 있다.

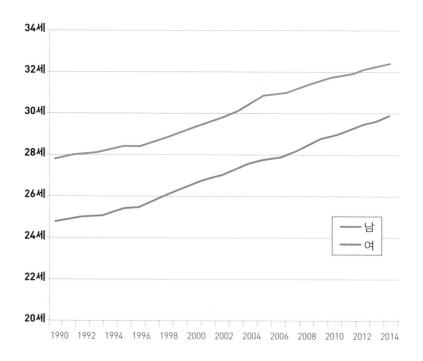

연도별 초혼 연령 변동 추이

출처: 통계청

결혼 연령이 지연됨에 따라 20~30대의 미혼율도 급증하고 있다. 역시 통계청 발표에 따르면, 25~29세의 미혼율은 2010년에 76.0%

　　　　　　　　　　　　　　　공정 분배

로 1995년의 45.2%에 비해 30.8%p나 증가했다. 그리고 30~34세의 미혼율은 2010년에 38.5%로 1995년에 비해 2배 이상 증가했으며, 35~39세의 미혼율은 1995년에는 4.6%에 불과했지만 2010년에는 19.1%로 뛰어 올랐다. 이처럼 결혼 연령이 늦어지고 미혼율이 증가하는 이유는 청년층의 실업률 증가 및 취업 지연, 그리고 저임금·비정규직 근로자의 증가 등으로 인해 결혼하는 데 필요한 경제적 기반을 마련하는 시기가 점점 늦어지고 있기 때문이다. 그 외에 다른 이유를 찾기 어렵다. 쉽게 말해 지금 당장 결혼하고 싶은 마음이 있어도 소득과 재산이 없기 때문에 결혼 시기를 미루거나 아예 포기하는 젊은이가 많다는 말이다. 결혼 시기가 늦어지니 아이를 낳는 시기 역시 당연히 늦어질 수 밖에 없으며, 고령 산모가 증가하여 둘째 이상의 아이를 갖기가 어려워지는 것이다. 정리하면, 우리나라에서는 이미 오래 전에 '청년층의 취업 지연 및 저임금·비정규직 근로자의 증가 → 자산 형성 지연 → 결혼 지연 → 출산 지연 → 둘째 아이 포기 → 출산율 하락 → 생산 및 소비 인구 감소' 라는 악순환의 고리가 형성된 것이다. 이 악순환의 고리를 끊으려면 국가는 결혼 적령기에 이른 20~30대가 결혼하는 데 필요한 경제적 기반을 마련하기 쉬운 여건을 만들어줘야 한다. 이를 위해 국가가 가장 우선적으로 추진해야 할 정책은 일자리를 늘리고 비정규직 근로자의 저임금 문제를 해결하여 젊은 세대의 소득을 끌어 올리는 것인데, 나는 앞서 이 문제에 대한 해결책 대기업과 중소기업 간의 공정한 이익 분배, 대기업의 사업 영역 확대 제한, 비정규직 임금 차별 금지, 최저임금 현실화 등을 제시했다. 그 외에 국가가 차선책으로 고려해 볼 수 있는 결혼율 및 출산율 제고 정책으로는 신혼부부를 위한 공공 임대 주택의 공급 확대를 생각해 볼 수 있다.

결혼 적령기에 이른 미혼남녀가 결혼을 미루는 가장 큰 이유는 경제적인 문제 때문이다. 그리고 그들이 갖고 있는 경제적인 문제 중 가장 큰 어려움은 신혼 집을 마련하는 일이다. 실제로 결혼을 망설이는 미혼 커플들에게 결혼하는 데 경제적으로 가장 큰 부담이 무엇인지 물어보면 대부분 신혼 집을 마련하는 게 가장 큰 부담이라고 말한다. 이는 결혼 후에도 달라지지 않는다. 2014년에 국토교통부가 결혼한 지 5년 이내의 신혼부부 2,677가구를 대상으로 실시한 패널 조사에 따르면, 신혼부부가 필요로 하는 지원 정책으로 첫 번째가 육아 지원 정책53.4%이었고, 두 번째가 주택 마련 정책35.5%이었다. 그리고 신혼부부가 맞벌이를 하는 이유로는 주택 비용 마련41.2%이 가장 많은 것으로 나타났다. 즉, 우리나라 국민은 결혼 전뿐만 아니라, 결혼한 후에도 주택 문제에서 많은 어려움을 겪고 있는다는 말이다.

혼례는 간소하게 치르려고 마음 먹으면 수백만 원 선에서도 비용을 해결할 수 있다. 하지만 주택 문제는 그렇지 않다. 일자리가 밀집해 있는 수도권 및 지방 대도시의 경우, 방 2개 딸린 작은 전세 아파트를 얻으려면 억 단위의 자금이 필요하다. 젊은 세대가 직장에 다니며 아

공정 분배

무리 열심히 저축해도 억 단위의 자금을 모으기는 결코 쉬운 일이 아니다. 평균적인 임금을 받는 직장인이라면 1억 원을 모으는 것만 해도 짧게는 5년 이상, 길게는 10년 이상 걸릴 것이다. 따라서 부모의 도움을 받지 못한다면, 그만큼 신혼 집 마련에 시간이 오래 걸릴 수 밖에 없다. 그것이 결혼 연령이 늦어지는 중요한 이유 중 하나인 것이다. 따라서 국가가 신혼부부를 위한 공공 임대주택의 공급을 대폭 확대하여 일정 기간 동안 집 문제를 해결해 준다면 점점 늦어지고 있는 20~30대의 결혼 연령을 앞당기는 데 분명히 효과가 있을 것이다. 사실 이는 최근 정부가 내놓은 저출산 극복 대책과도 일맥상통한다.

2015년 12월 정부는 향후 5년간 신혼부부 전용 투룸형 행복주택_{공공 임대주택}을 5만 3천 가구에 공급하겠다고 밝혔다. 하지만 이 정도의 공급 물량으로는 20~30대의 결혼 연령을 눈에 띄게 앞당길 수 없다. 기왕에 정책을 펴려거든 생색이나 내려고 하지 말고 모든 국민이 국가의 존재를 체감할 수 있을 정도로 충분한 물량을 공급해야 한다. 통계청 발표에 따르면, 2014년 한 해 동안 결혼한 커플은 30만 쌍이 넘는다. 그중 재혼인 경우를 제외하면 2014년 한 해 동안 약 25만 쌍이 결혼했다. 그리고 결혼_{초혼} 후 5년 이내를 신혼으로 볼 경우, 신혼 가구는 133만_{2014년} 가구가 넘는다. 만약 해마다 신혼 가구 수가 130만 가구 수준에서 유지된다고 가정하면 5만 3천 가구의 공급 물량으로는 전체 신혼 가구의 4% 정도밖에 수용하지 못한다. 거기에 이미 공급돼 임대된 공공 임대주택의 신혼부부 특별 공급 물량을 합하더라도 신규로 신혼 가구를 수용할 수 있는 물량은 5% 미만일 것이다. 게다가 한번 입주하면 적어도 5년 이상은 거주를 보장해 줄 필요가 있기 때문에 공공 임대주택의 회전율이 낮아서 실제 수용할 수 있는 신혼 가구 수는 그보다 훨씬 적을 것이다. 쉽게 말해 지금 정부가 계획 중인 신혼부부 공공 임대주택의 공급 물량은 20~30대의 결혼 연령을 앞당기기에 턱 없이 부족하다는 말이다.

국토교통부의 조사에 따르면, 신혼부부의 절반 이상은 임차료가 저렴할 뿐만 아니라, 임차료 상승에 대한 부담이 적은 공공 임대주택에 입주할 의향이 있다고 응답했다. 만약 이러한 통계가 공공 임대주택에 대한 실수요를 반영하는 것이라면, 신혼부부를 위한 공공 임대주택의 공급 물량은 건설 임대와 매입 임대 등을 합해 전체 신혼 가구의 50% 수준인 60~70만 가구 정도는 수용할 수 있어야 한다. 그것이 어렵다면, 적어도 전체 신혼 가구의 1/3 소득 하위 30% 수준인 40만 가구 정도는 수용할 수 있어야 한다. 그래야만 20~30대의 결혼 연령을 앞당기고 출산율을 높이는 데 가시적인 효과가 나타날 것이다. 물론 그만한 물량의 공공 임대주택을 공급하려면 돈이 많이 들 것이다. 하지만 인구 멸종 위기에 처한 국가 비상사태 하에서 돈이 부족하다는 이유로 뒷짐을 지고 있을 때가 아니다. 지금은 국가 예산의 최우선 순위를 저출산 대책에 둬야 할 때이며, 예산이 부족하다면 국가 부채를 늘려서라도 최대한 저출산 대책에 투자해야 한다. 국가 부채가 증가하더라도 생산가능인구가 함께 증가하면 상환 능력이 확대되기 때문에 큰 문제가 되지 않는다. 따라서 돈 타령을 하고 앉아 있을 이유가 없다. 게다가 지금 우리에게는 더는 거드름을 피우며 여유 부릴 시간이 없다.

　지금까지 나는 우리가 지금보다 더 나은 세상에서 살아가기 위해서는 국가에 어떤 경제 정책의 추진을 요구해야 하는지 이야기했다. 그 중에는 충분히 실현 가능한 것도 있지만, 사실 실현이 매우 어렵거나 불가능에 가까운 것도 있다. 그렇기 때문에 내가 주장한 여러 정책적 요구가 뜬 구름 잡는 이야기처럼 들릴 수도 있을 것이다. 하지만 실현이 매우 어렵거나 불가능에 가까운 정책이라 할지라도, 그것을 국가에 요구하는 국민이 많아질수록 국가는 국민의 요구를 일부라도 수용해 정책에 반영할 수 밖에 없다. 따라서 국민 다수의 요구가 있다면, 내가 주장한 여러 정책적 요구 중 실현 불가능한 것은 없다. 다만 우리가 극복해야 하는, 수 많은 장애물이 있을 뿐이다. 당신과 나, 우리 모두가 지금보다 더 나은 세상에서 살아갈 수 있기를 바라며 글을 마친다.